戦争をしなくてすむ世界をつくる30の方法

平和をつくる17人［著］
田中 優+小林一朗+川崎 哲［編］

合同出版

大使館の前で
戦争反対を訴える人たちの姿がテレビから流れる。
新宿の街で、銀座の街で、インタビューに答える人の
ほとんどが戦争に疑問を感じてる。
でもこの戦争がそんなことで終わるはずない。

ただ「祈る」だけでない『平和』とのつき合い方、
「NO WAR」と叫ぶ以外にある
『平和』との向き合い方を探したい。
世界が平和であることを望むのなら、
そうなるための努力をそれぞれが日常の中で
していかなくてはいけないと思う。

抗議の声は届かないし
力では到底およびもしないけれど
たとえば今の戦争に反対する世界中の人たちが、
戦争をしようとする国から入ってくる
製品や食料を買うのをやめると、
彼らは痛みを感じて、
もうちょっと世界中の声を聞くようになるだろうか？
それともそんなの痛くもかゆくもないのかなぁ？
この戦争をとめられないとしても、
この次また同じことを繰り返さないために
個人レベルで出来ることってないかなぁ？

2003.3.21
桜井和寿

もくじ

»4章　国連だって活用できる

»5章　「次の社会」のしくみをつくろう

◎本文イラスト　上野直大

はじめに

Mr. Childrenの桜井さんからのメールが流れてきたのは、まさにイラク戦争がはじまった日の翌朝のことでした。開戦の日、私も「平和との向き合い方」について考えていました。私たちはただ一人の人間としてやっと生活しているだけですし、戦争を止められるほどの力があるわけでもありません。しかしなんとかして、ゲームのような画面の向こう側で人が殺されていくことを、止めたいと思ったのです。

戦争はいったい、どうしたら止められるのでしょう。今すぐ止められないなら、気長に活動をしていくしか方法はありません。危機感に引っ張られたときの力ではなく、長く続けることによって効果を及ぼすような。

開戦されてしばらくすると、戦争反対の活動をしていた人たちの間から、無力感に襲われるという発言が増えてきました。たしかにそうです。せっかく他のことを後回しにしてまで運動したのに、それでも戦争は開始されてしまったのですから。

この本は、「今回のイラク戦争に反対だったからピースウォークに参加した」とか、「参加したかったけどできなかった」とか、何かしなくちゃな、と感じはじめた人たちに向けた本です。難しい話はしません。でもありきたりのこともいいません。普段の生活の中から、本当に可能で、本当に効果のある方法を提示しようと思うからです。

そもそも私たちは小さなものですし、それほどの影響力があるわけでもありません。しかし、そんな私たちにもできることはあるはずです。たしかにイラクへの一方的な攻撃は止められませんでしたが、これが「最後の戦争」になるという保証もないのです。むしろ次の戦争、その次の戦争へと続いていってしまう可能性の方が高いのです。だとしたら今ここで無力感を感じて立ち止まってしまうのではなく、次の戦争を防ぐための方法を考えてみるべきでしょう。もっと身近に、もっと私たちの普段の生活に近づけて。

そうして調べてみると、私たちの生活の近くに、多くの「戦争を支持するしくみ」の断片が見つかりました。その小さな「戦争支持」の断片を、オセロのように一つひとつ裏返していくことで、戦争は止められるのかも知れません。危機感で一気に戦争をやめさせることには成功しませんでしたが、長く続く生活の中からの「非戦」は、次の戦争の抑止力につながるかも知れないのです。

それを集めたのがこの本です。一見すると脈絡のないようなことが、その根っこのところでつながることもよくあります。その根っこのつながりを求めてつくりました。さまざまな立場の人による、さまざまな現場からの解決策、「30の提案」がここにあります。

戦争は、私たちの買い物や貯金によって支えられ、生活のあり方は変えられないという思い込みに維持され、ちょっとしたイメージの刷り込みによって拡大されていました。しかしそれなら、戦争を支えないこともできるはずです。その場に置かれた人の身になって考えることができたなら、止めることもできたはずです。その生活の中の小さな分岐点を、なるべくわかりやすく伝えたいと思いました。

この中から自分には無理だと思うものは読み飛ばして、「これだったらできるのではないか」と感じられるものだけを選び取ってください。何より苦痛になるようなことは選ばないでください。私たちは読んでくださった方に、長く続けられる活動をしてほしいと思っています。

「戦争と平和」は、どちらかいっぽうではありません。どんなときも「戦争をしたい人たち」と、「戦争を避けようとする人たち」とがせめぎあっているものなのです。ですから私たちが活動を苦痛に感じてしまったら、一生続けることができなくなります。長く続けられるようにするには、無理のない、生き方に合ったものを選び取ることが必要だと思うのです。

どうかじっくり向き合ってお読みくださいますように。

平和をつくる17人を代表して　田中　優

1章

視点を少し変えてみよう

1 新聞やテレビを疑ってみよう

情報操作はどのようにしておこなわれるか？

世界で起きているさまざまな出来事や経済の話、暮らしのお役立ち情報からエンターテイメントまで、さまざまな情報をテレビや新聞から得ている私たち。そうしたマスメディアを通じて情報操作がおこなわれているとしたらどうしますか？

アメリカ、イギリスの両国は、「フセイン大統領がオサマ･ビンラディンを支援している、大量破壊兵器を隠し持っている」という理由で、他国の反対を押し切りイラク攻撃に踏み切りました。「テロリストの手に大量破壊兵器を渡さない、世界をテロの恐怖から救う平和のための戦争なんだ」という主張です。攻撃開始直後のアメリカ国内の世論調査によれば、国民の55％はフセイン大統領がアルカイダを支援しており、さらに42％がなんと9・11の首謀者もフセインだと考えているとの結果が出ています。

こんな話はアラブでは話の種にもなりません。過激な原理主義者であるビンラディンが、「イスラームを世俗化し堕落させたのはフセインだ！」と敵視してきたことがよく知られているからです。こうした背景に触れることなく、アメリカの新聞とテレビはブッシュ大統領をはじめ、政権幹部の発言をたれ流しました。

フセイン政権は崩壊し、戦争は終結。では根拠とされた大量破壊兵器は発見されたのでしょうか。いえ、まったく見つかっていません。しかし、戦争をはじめるときにはくり返し報道された、大量破壊兵器保有の疑惑については、その後アメリカ国内では、あまり大きく報道されることはありませんでした。ようやく今に至って、それはイラクの脅威を誇張するために、ねじ曲げられた情報であった可能性が高いと報道されている始末［注1］。

放射能を撒き散らす劣化ウラン弾を使用したことや、攻撃を受ける側からの報道を続けたアルジャジーラ（カタールの衛星テレビ局）の支局にミサイルで「誤爆」を加えたこと、そして一般民衆の多数の命が犠牲にされている姿。これらの映像がアメリカのテレビで流れることはありませんでした。逆に流されたのは、フセイン政権の独裁から解放されて歓喜の声をあげるイラク民衆の姿。ここに「正義と解放のための戦争」というフィクションが完成してしまったのです。

戦争をあおることが商売になっている

情報操作の方法は一つではありません。独裁国家では報道を統制し、国民に不都合な情報を与えないことで情報を操作します。日本やアメリカなどの自由主義社会では、情報そのものを入手することは難しくはないのですが、逆に情報が完全に統制されていないため、かえって情報操作に対し気が緩みがちで、その隙をねらって操作がおこなわれています。

重要な情報が報じられていたとしても、日常的にあまりに膨大な量が流れているために、受け取る側が意識していないと取捨選択が難しいのです。また仕事や勉強で忙しすぎると、つい無関心になってしまいがちです。そうなってしまうといくら論理的に語られても右の耳から左の耳へ。反対にふっと目をひくもの、直感的に残るもの、つまり考えなくてもよい、感情に訴えかける映像や言葉を選んでしまい、情報操作をされてしまうのです。

こうしたやり方がこれまでも使われてきました。しかもそうした情報操作を商売にしている企業があります。イラクによるクウェート侵攻後、在米クウェート大使の娘ナイラに米国下院議会で涙を流しながら、嘘のスピーチをさせたのは大手 PR 会社のヒル＆ノートン社でした。
「イラク兵がクウェートの病院に侵入し、保育器から赤ちゃんを次々に取り出しては床に投げつけて殺したんです」
　涙ながらに語るその姿が全米に中継されたとき、湾岸戦争への突入は決まったも同然でした。また、コソボ紛争において「民族浄化」というフレーズをメディアに躍らせ、セルビア共和国のミロシェビッチ大統領を現代のヒトラーとして演出したのもルーダー・フィン社というアメリカの PR 会社でした。
　どうしてテレビなどのマスメディアが情報操作に加担するのでしょうか？　PR会社の仕事は「いかに視聴者が欲しがる情報にするか」が勝負なのです。視聴率アップにつながらなければテレビ局はPR会社のいいなりにはならないでしょう。いったん流行《はや》りになれば、TV局は視聴率アップのためこぞって戦争支援機関と化してしまうのです（逆に、重要な情報を流させないためには、視聴者が飛びつきそうなゴシップで放送枠を埋めてしまえばよいのです！）。

だまされないためのテクニックは？

　私たちはこうした情報操作に太刀打ちできないのでしょうか？　いいえ、必ずしも専門的な知識がなくても大丈夫。操作された情報にはどこかに無理があるものです。バグダッド陥落後、イラク人による略奪がさんざんおこなわれているのを見て変だとは思いませんでしたか？　日本ではほとんど報道されませんでしたが、スウェーデンの新聞「ダゲン・ニエター」紙にはアメリカ軍がイラク国民に「行政府ビルの中に入っていって、何でも好きな物を手当たり次第に持ち出してもいいぞと奨励した」という記事が掲載されました[注2]。この情報は、即座にインターネット上を駆けめぐりました。
「変だなぁ」と思ったら頭の片隅にでも疑問を残しておきましょう。見過ごしていた情報の中に真実を読み解くヒントが見つかることもあります。インターネットで独立系メディアや NGO のサイトをチェックしたり、Google（検索エンジン）で「イラク攻撃」「情報操作」などのキーワードを入れて検索してみるのもよいでしょう。質の高いメールマガジンを購読したり、メーリングリストで議論してみるのも情報を読み解く目を養うために有益です。真実を伝えようとしているジャーナリストや犠牲になっている人たちの声を紹介しているNGOのセミナーに参加してみるのもよいでしょう。自分なりの情報入手ルートをもち、理解力を深めれば、そうやすやすとはだまされなくなります。

どこから、どんなタイミングで流された情報なのか意識することが大切です。情報操作をする側は、戦う相手には「悪魔」「独裁者」「野蛮人」として非人間的なイメージをつくろうとします。話せばわかり合える人間同士、そう思ってしまうと攻撃に躊躇してしまうからです。「戦争は必ずしも望まない。しかし人々を悪魔から解放してあげるために、私たちは正義の鉄拳を振るうのだ！」と心に響く映像と共にくり返します。

情報操作は一日にして完成しません。日常の中にある、差別、恨み、怒り、恐れ、そうした マイナス感情を日々あおることによって、はじめて効力をもちます。ですから私たちは、日々その能力を試されているのです。

いつもより少しだけ想像力を働かせてみましょう。正義の名の元に焼かれるのは、他ならぬ子どもたち、一般市民です。その点に思いを馳せたとき、「戦争をしない」ことを前提とした解決策を見出すことはできるはずです。

▶▶小林一朗

[注1]
2003年7月6日「ニューヨークタイムズ」に掲載された。元ガボン大使ジョゼフ・ウィルソンの見解。ウィルソンはCIA（アメリカ中央情報局）の依頼でアフリカからのイラクへの核物質輸送の調査を担当していた。

[注2]
2003年4月11日「ダゲン・ニエター」紙に掲載された記事。情報源は「人間の盾」として現地入りしていたカリード・バヨミ氏（中近東問題研究者）。
日本ではメールマガジン「TUP速報」にて4月14日に紹介された。
http://www.egroups.co.jp/group/TUP-Bulletin

2 報道されない情報を探してみよう

メディアは「第四の権力」

三権分立という言葉は知っていますか？　行政府・立法府・司法府が独立性を保ち、互いにチェックし合って民主主義の健全性を支える、「権力の三脚」みたいなものです。とくに大切なのは、みんなが出し合った税金の運用をおこなう政府（行政府）のパフォーマンスをしっかり監視することで、議会（立法府）と裁判所（司法府）の一番の役割はそこにあります。原則からいうと、ぼくら国民は選挙で議会代表（議員）を選ぶことにより、立法府を通じて政府をチェックするしくみになっていて（例外として地方自治体の長や最高裁判事も公選）、これを代表民主制と呼びます。

ところが、実際はなかなかこのとおりいかず、民主度の低い社会ほど行政府の独走を許してしまいます。民主革命で倒したはずの王制・封建制が、亡霊のようにまとわりついているのかもしれません。民主革命といえるほどの区切りがなかった日本でも、三権分立の実態は怪しくて、議会も裁判所も、国民・住民より行政（政府）の顔色をうかがう傾向が強いのはおなじみです。

そこで重要になるのが「第四の権力」としてのメディア。「権力の三脚」全体を監視するので、“メタ権力”といってもいいでしょう。言論の自由が民主主義の核心とされるのは、このメディアの大役をさしています。逆にいうと、第四権力としてのメディアがしっかりしなければ、三権分立の民主主義自体がゆらぎかねません。

ただし、ここでいう「メディア」にはマスメディア（マスコミ）だけでなく、知と情報のあらゆる交換媒体がふくまれます。ちょっと前まではガリ版刷りのミニコミやファクス、今ならインターネットの自作サイト、メーリングリスト、メールマガジンなどが、既存マスコミの隙間を埋めています。個人運営のものから中間的“ミディコミ”といえるほどの組織性を備えたものまで、それら独立系メディアの活躍が目立ってきました。最大のきっかけは、9·11から米英によるアフガン攻撃、そしてイラク侵攻へと激動する世界情勢だったと思います。

それまで曲りなりに自由民主主義（リベラル・デモクラシー）の本家として、三権分立も第四権力たるメディアもそこそこ健全性を世界に誇ってきたアメリカで、すべてが崩れはじめました。軍部の長を務めるラムズフェルド国防長官が9・11直後に創設した「戦略影響局」（OSI）は、その象徴です。アメリカの国益のために、国内外の情報操作と作為的世論誘導を専門におこなう部署とバレて、さすがにOSIは批判を浴び、表向き廃止されたことになっています。しかし、国策としての情報操作と世論誘導がエスカレートしつつあるのは、イラク侵攻をめぐる国連安全保障理事会の攻防や、アメリカ政府とマスコミ一体となった戦争プロパガンダでよくわかりました。かつての軍国日本の「大本営発表」に劣らず、いまやアメリカ発の報道や情報は全然当てになりません。その受け売りやたれ流しが多い日本のマスコミも同じです。

» メディアの性質に慣れて独立系メディアを使いこなそう

つまり、独立系メディアの出発点は、あつらえの情報を疑うことです。かといって、ネットの世界に蔓延するトンデモ情報に引きずられ、あてどなくさまようのも疲れます。何が正しくて信頼できるのか、究極の真実はなかなかわからない中で、自分なりの勘を育てるのが21世紀のメディア・リテラシー（報道情報利用能力）の鍵でしょう。何ごとにも試行錯誤はつきものですから、とにかく自分の感覚にしたがってどんどん情報の海や森に分け入るしかありません。迷子や脱線も勉強のうち！

筆者自身ネット歴は浅くてデジタル音痴、しかも離島暮らしでまわりに助っ人のいないハンディを抱えながら、9・11直後に仲間たちと『非戦』(幻冬舎)をつくって以来、どんな情報源を使い、どういう発信をしてきたか、次ページに一端を紹介します。外国語は英語だけなので、もっと多くの言葉を使える人たちに比べて海外情報の幅は限られます。そのかわり翻訳家の経験を生かして、広めたい英語情報を自由に発信できる強みはあります。

注意してほしいのは、マスコミで報道されない情報を探すには、まずマスコミが何をどう報道しているか、新聞とテレビニュースぐらいは見ておく必要があること。国内ニュースだけでなく、BSで流れる海外ニュース番組なんかも参考になります。さらに、めぼしい週刊誌・月刊誌類も無理のない範囲で目を通したいところ。そういう基礎があってはじめて、足りないものが何か見当もつくし、見落とされたり切り捨てられたりしている記事や情報に出会ったとき、アンテナに引っかかるのです。マスコミ関係者だって生活をかけ、ときには命をかけて仕事をしているわけですから、侮《あなど》ってはいけません。マスコミは敵ではなく、競争と共闘のパートナーと心得ましょう。

とくに耳よりな情報を見つけたら、いきなりのめり込まずに背景や周辺を固めます。複数の類似情報や関連記事に当たって、問題を立体的に眺めると、トンデモ説に引っかかりにくくなります。個人的なメル友やML(メーリングリスト)、メルマガなどに投げてみて、いろいろな人の意見を聞くことも大切。アメリカ先住民の口承史を伝える女性から、「六の法則」というのを教わりました。ものごとにはかならず、少なくとも6つぐらい、ほぼ同程度の確かさをもつ異なった見方が成り立つから、一つの見方に固執しすぎるな、という教えです。

その意味では、マスメディアの見方以外に、5つの別な見方を提示するのが独立系メディアの役割なのかもしれません。現状はまだ互角にもとどかないので、もっと後者が充実して、近い将来、独立系ウェブTVがいくつも開局されるようになるといいですね。

▶▶ 星川 淳

おすすめ情報源

日本語メルマガ&サイト
TUP速報　http://www.egroups.co.jp/group/TUP-Bulletin
田中宇の国際ニュース解説　http://tanakanews.com/
日刊ベリタ　http://www.nikkanberita.com/
市民インターネット新聞 JanJan　http://www.janjan.jp/
萬晩報　http://www.yorozubp.com/
ZNet 日本語版　http://home.att.ne.jp/sun/RUR55/home.html
阿修羅　http://www.asyura.com/
グローバルピースキャンペーン　http://www.peace2001.org
ワールドピースナウ　http://www.worldpeacenow.jp/
枝廣淳子のEnviro-News　http://www.ne.jp/asahi/home/enviro/
屋久島発インナーネットソース　http://innernetsource.hp.infoseek.co.jp/
HotWired Japan ニュース　http://www.hotwired.co.jp/news/
Japan Mail Media　http://ryumurakami.jmm.co.jp/
加藤哲郎のネチズン・カレッジ　http://www.ff.iij4u.or.jp/~katote/Homef.html
環境行政改革フォーラム　http://www.eforum.jp/
ビデオニュース・ドットコム　http://www.videonews.com/
ル・モンド・ディプロマティーク・日本語電子版　http://www.netlaputa.ne.jp/~kagumi/
英語メルマガ&サイト
AlterNet.org　http://www.alternet.org/index.html
Common Dreams News Center　http://www.commondreams.org/
ZNet　http://www.zmag.org/ZNET.htm
truthout　http://www.truthout.org/
TomPaine.com　http://www.TomPaine.com
TomDispatch.com　http://www.nationinstitute.org/tomdispatch/
From The Wilderness Publications　http://www.fromthewilderness.com/index.html

※主要紙のオンラインサイトをのぞく。多くのサイトに無料メルマガ配信サービスあり。

3 一面的でないアメリカを知ろう

「傲慢なアメリカ」という側面

ポール・ヴィリリオというフランスの評論家が、9・11 から米英軍のイラク侵攻まで 21 世紀の新しい戦争を「第一次世界内戦」と呼んでいます[注1]。グローバリゼーションによって“外部”がなくなってしまったという意味ですが、ブッシュ政権の新保守主義的な外交政策担当者たちも、少しちがう意味でそれに近い感覚をもっているようです。つまり、今やすべてがアメリカの「国内問題」であって、もう 20 世紀までの“外交”なんか不必要で、アメリカ政府がやりたいように解決すればいい、という考え方です。

じつは、この感覚は目新しいものではありません。大リーグの最終マッチを「ワールドシリーズ」と称したり、ハリウッドの映画会社が「ユニバーサルスタジオ」を名乗ったりするとおり、アメリカ人は昔から自分たちが“世界・宇宙・普遍”だと思い込んでいるところがあります。東西を二大大洋にはさまれた大きな島国なので、国民の多くは外国のことをよく知らず、外国旅行の経験者も意外なくらい少なくて（15%以下とか！）、子ブッシュ自身、大統領になるまでほとんど海外に出たことがなかったそうです。

アメリカという国を考えるとき、このことは要注意でしょう。コスモポリタンで世界を渡り歩くアメリカ人のイメージは、東西両岸の知識人をはじめ、わりあい限られた地域の特殊な階層の人たちにしか当てはまらないのです。9·11直後の星条旗の氾濫や、イラクへの武力行使を支持した圧倒的世論は、「サイレント·マジョリティ」と呼ばれるもっと泥臭いアメリカ人の層の厚さを物語っています。

たしかに、アメリカには全世界があります。見る人、接する人によって、たくさんのアメリカがあるといってもいいかもしれません。よく分類されるように、大学や国際機関、伝統企業の多い東西両岸と、農業その他で生計を立てる内陸部とが大別できるだけでなく、先住民社会、黒人社会、中南米系のヒスパニック社会、中国・日本・韓国・ベトナム・ラオス・カンボジアなどアジア系移民の社会、そして古くからのヨーロッパ移民も、民族別にかなり文化的異質性を保っています。もちろん、信教と言論の自由を追い求めてきた国柄らしく、同じ地域に住み、同じ民族·文化に属していても、経歴や思想による個人差は驚くほど多様です。おまけに、フロリダの亜熱帯湿地や中西部の砂漠地帯からアラスカ北極圏まで、地球上の自然がほぼ取り揃っているため、国内だけで世界をまわった気になれるのも事実。

さまざまな表情を垣間見せる国

ただ、次の3点は頭に入れておいたほうがいいでしょう。

第一に、なんといっても政治・経済の中枢では高学歴の上流白人が力を握っていること。そして、一部の白人たちには根強い有色人種差別が残ります。世界一リベラルで肌の色などにこだわらない人たちもたくさんいる反面、こうした根深い差別意識がアメリカ政府の外交政策に少なからぬ影響を与えてきたことは否定できません。とくに現ブッシュ政権の一見高い支持率は、この富裕白人層が中心で、世論形成や選挙自体からマイノリティを排除する不平等な構造の上に成り立っているとの分析があります。

第二に、建国のいきさつから銃＝武力で手に入れた生活や土地を、銃＝武力で守るという意識がとても強いこと。かつては聖書にちなんで新生アメリカを「ニューイスラエル」と自称することもあったくらいで、今のイスラエルの強硬路線は西部開拓の延長だと思えば合点がいきます。裏返せば、いつ自分たちの存在基盤が崩れるかわからない不安と恐怖を抱えていて、それをまとめるのが自由・平等を謳《うた》う憲法と民主主義の理念に支えられた合州国という人工国家の枠組みであり、結束を象徴するアメリカ国旗であるわけです。ちょっと逆説的ですが、おそらく先進国中もっとも古典的な国家主義の強い国ではないでしょうか。いっぽうでは、人種や国境を超え、非暴力の平和実現を求める思想や行動の強力な震源地でもあり続ける多面性を忘れてはいけません。

そして第三に、時の政権とマスメディアによって世論が大きく左右されるもろさをもっていること。これも9·11からイラク攻撃にいたる過程で世界をあきれさせましたが、大統領に強い権限が集中する政治制度と、マスコミが巨大資本に統合される近年の経済再編で、この傾向に拍車がかかっています。最近よく指摘されるとおり、もともと戦争が公共事業の役目を果たす軍産複合体と、巨大メディアやエネルギー産業との境目が消え、そこへイスラエルの強大化を後押しする狂信的なキリスト教原理主義思想がからんで、戦争の歯止めがかかりにくいこともブッシュ政権下のアメリカの特徴です。

▶「平和省」設立をめざすデニス・クシニッチ下院議員。アメリカの平和・反戦・人権・環境派の市民の支持を得て、2004年のアメリカ大統領選に出馬表明。
(写真/「アメリカに平和の大統領を！ キャンペーン」http://www.peace2001.org/)

アメリカの良心に学んでみよう

しかし、アフガニスタン攻撃にたった一人で反対したバーバラ・リー議員や、2004年の大統領選に真正面から反戦・非戦を訴え、「平和省」の創設を公約に出馬表明したデニス・クシニッチ議員のような人がいるのもアメリカです。国会議員は文字どおり民意の代表であり、氷山の一角にすぎません。草の根では建国以来の政府批判の伝統が、幅広く粘り強い市民運動を形成していますし、同じ草の根でブッシュ大好きの運動も盛んです。

腰砕けといわれるマスコミも、新聞なら「ニューヨークタイムズ」、雑誌なら「ネイション」、テレビなら「PBS」のように筋を通そうとするものから、ネオコン応援団めいた「フォックスTV」や統一教会系の「ワシントンタイムズ」まで千差万別。何を見るかによって、まったくちがうアメリカをのぞかせてくれます（独立系メディアについては15ページ参照）。作家や学者やアーティストまで目を向けると、アリス・ウォーカーやノーム・チョムスキーやマイケル・ムーアをはじめ、良心的抵抗者の顔ぶれはもっと多彩です。

つまり、アメリカはあなたを映す鏡なのだといえます。見たいものも見たくないものも、あなたしだいで何でも映し出す鏡です。どの鏡像に焦点を合わせても、そこから興味深いアメリカなりの“世界”が広がります。それを正真正銘の現実世界そのものと錯覚しないかぎりにおいて、抜群に役立つ鏡かもしれません。なるべく好きな顔ばかり見ていないで、いろいろな鏡像をのぞき込んでみてください。世界と自分の奥行きが見えてくるでしょう。リンクをたどって、他の国々、他の文化に目を向けることも忘れずに！

▶▶ 星川 淳

[注1] 哲学クロニクル
http://www.melma.com/mag/58/m00026258/a00000366.html

4 被害の「現場」から発想しよう

答えはつねに「現場」にある

9・11以降、世界は「テロ」と呼ばれる「見えない敵」を相手に、脅え、警戒する空気に包まれているようです。アメリカは、この空気をたくみに利用し、「対テロ戦争」の名のもとに自国の影響力を拡大しています。その中で、平和を脅かす「不安」から人々を解放することを「正義」と呼び、先制攻撃すら認めさせてしまう考え方が定着しつつあります。しかし、実際に「不安」材料になっていることと、その解消のために犠牲になっている人々は一致しているのでしょうか？

その答えは、実際に攻撃を受けた、アフガニスタンやイラクの現場にあります。「不安」という見えない敵に立ち向かうには、実体ある事実の認識が必要なのです。

尻拭いのその先へ

日本国際ボランティアセンター（JVC）の活動は、カンボジア、ラオス、ベトナムから流出した難民の緊急支援をきっかけにはじまりました。私たちの活動は、まさに紛争の尻拭いの歴史であるともいえ、同時にたんなる後始末をしているのではないはずだ、と自問する日々でもありました。

問題解決の手段を「戦争」に委ねないような意志表示や行動が大事なのはいうまでもありませんが、力が及ばず実際に戦争が起こってしまった場合、私たちはどうすればいいのでしょうか。当然、破壊した当事者が責任を取るべきであり、私たちが手を出すことではないという考えもあるでしょう。でもここで、犠牲になる人の立場にたって考えてみるとどうでしょうか。もし壊されたのが単純に再生可能な「物」ならば話は簡単ですが、現実に被害に遭っているのは生身の人間です。そして、人間が暮らす場が破壊されることで、人間関係や社会のシステム、習慣にまで影響は及びます。人々の生活は途切れることなく続いているのです。

報道で伝わるアフガニスタンやイラクの中で、「個」としてのアフガニスタン人、イラク人の存在を実感することは難しいのですが、そこに暮らす一人ひとりの存在はけっして幻影ではなく、夜寝て、朝飯を食う一個の「人」なのです。ですから、安定した生活環境の再建は一刻も早く取り組まなければならない緊急の課題です。戦争の理由や責任はさておき、実際に死傷者を出し、生活の場を破壊されたアフガニスタンやイラクの人々に、まず緊急に支援の手を差し伸べることは何を差し置いてもおこなうべきだと考えます。戦争で傷ついた人を放置して、さらに傷つけることを見過ごしてはならないのです。

さらにその先を真剣に考えることが求められているのです。ただ漫然と支援活動に没頭するのではなく、再度彼らの生活が脅かされないよう、社会の動きにも目を向けることです。私たちがその「現場」にいることが、たんなる尻拭いで終わるか、それともその中に入り込み、「当事者」意識をもってかかわることができるのかが、NGOとしての姿勢、力量が問われてくるところでもあるのです。

見通しの立たない「復興」

紛争直後の「復興」段階では、さまざまな問題が起こります。一度戦闘状態が落ち着き、政府の建て直しがはじまると、戦後復興に向けての活発な国際協力の姿が報道されます。遠い日本でその記事を読む人には、いかにも順調な復興事業の展開がイメージされます。ですが、実際の現場では多くの混乱が生じています。

たとえば、アフガニスタンでは、2002年東京で開催された「復興会議」において、「カルザイ政権の正当性を高めるため」として、多額の復興資金が約束されました。しかし、肝心の「現場」では依然としてアメリカ軍による「対テロ掃討作戦」という軍事攻撃が続き、さらに軍閥間の抗争が絶えない地方では治安が不安定なために、復興事業が進められるような状態ではありませんでした。そのため巨額の資金は首都カブール周辺にとどまり、地方との格差拡大を助長しています。その格差は、もとより中央政府に不満をもつ地方軍閥の感情を逆なでし、政府要人を狙った爆破テロや、援助事業にかかわる外国人の殺害など、治安の悪化に拍車をかけています。

そして今、アメリカの占領統治下におかれているイラクでも、次の政権樹立の見通しがないまま、「復興」事業の計画、石油などの利権獲得競争が進み、アフガンと同様の構図のくり返しが懸念されます。外部からの力で政権が変わり、当事国の安定よりも、「占領国」の利益や関係諸国への配慮を優先する「復興」プロセスをたどる限り、このような「紛争後」の状況が新たな紛争の火種となる傾向は今後ますます強まることでしょう。

「私たち」の責任として

国を越えた関係を創る上で、その役割を政府だけに任せ、関心すらもた

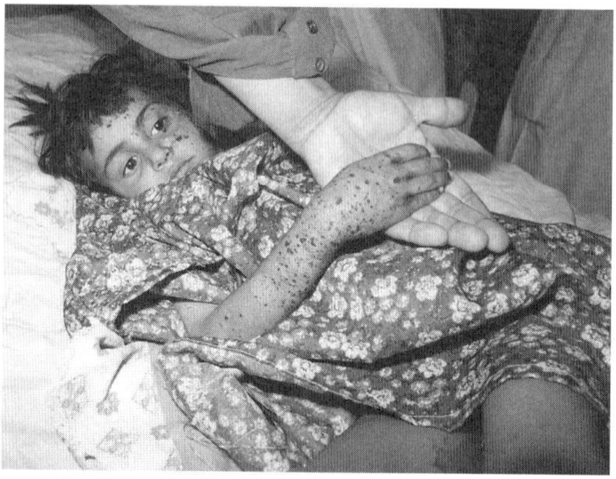

▶アメリカ軍によって投下されたクラスター爆弾の不発弾を拾い遊んでいるうちに爆発、大ケガをした子ども。居合わせた家族も大ケガを負う。

ないことが、逆効果や悪影響を及ぼす無責任な「援助」のたれ流しを助長しているのではないでしょうか。では、私たちはどうすべきか。答えは、政府のチャンネルだけに頼らない、市民の架け橋を築くことです。市民と市民が直接つながることで、互いの現実を理解し、必要な協力を考え、また不必要な影響や問題点を提起することです。私たちNGOは、「その場」にいるという利点を活かし、その地でがんばる人々と困難な生活環境の改善を目指すと同時に、政府レベルの支援が本当に市民に役に立っているのかを検証し、現地の市民の声を関係諸国の政府や国際機関につなぐ役割を担っています。

たとえば、過去には和平合意直後のカンボジアへの緊急食糧増産支援として、日本から大量の農薬が「援助」されるということがありました。日本ではすでに使用禁止となっている毒性の強い農薬が、期限切れで、しかも現地語の説明書もなくカンボジアへ送られたのです。このとき、現地で活動するNGOがネットワークをつくり日本政府へ抗議し、それに日本の多くの市民グループが呼応し決定者である外務省と激論を交わし、ついにこれをストップさせることができました。

このような取り組みが可能なのも、NGOが「現場」にいるからなのです。そして、その現場は、けっして日本と無関係にあるところではなく、私たちの税金をはじめとした多額の「ジャパンマネー」の影響を受けるところなのです。戦争犠牲者の実態やそれに対する対応を考えるとき、マスコミの情報だけをもとに自分の考えを方向付けるのではなく、現場にいるNGOの報告も判断材料の一つに加えてください。

戦争の前、最中、そして後の過程を外から傍観するのではなく、渦中に入ることで感覚を共有することがNGOの基本姿勢です。私たちはこれからも一般市民の立場に立った支援活動の展開と、「次」の紛争の芽を早めに摘み取るための政策提言を続けていきます。一日も早く、人々が安心して暮らせる環境を取り戻すために。

▶▶ 清水俊弘

5 「テロリスト」っていったいだれ？

ひとくくりに「テロリスト」と呼んでいますが

みなさん、テロリストと聞いて何を思い浮かべるでしょうか。爆弾をつくり、武器をもって、たくさんの人々を殺している人たち？　テロリストとは、そもそもだれを指しているのでしょうか。最近では、「イスラーム原理主義者＝テロリスト」というイメージをもっている人も多いかもしれません。この「イスラーム原理主義者」というレッテルを貼られ、「テロリスト」として弾圧を受けたり、国際社会から無視されたりしている人々が、世界中に存在しています。

日本がもっとも多額のODA（政府開発援助）を出している、世界最大のイスラーム人口を擁するインドネシアを例に、少し具体的に考えてみます。

国家がおこなうテロ

インドネシア最西端のアチェという地域では、70年代半ばから、自由アチェ運動（GAM）という組織が、インドネシアからの独立のために闘っています。インドネシア政府は、アチェの独立を阻むため、国軍をアチェに送り、何度も大規模な軍事作戦をおこなってきました。軍事作戦では、GAMメンバーではなく、多くの罪のない民間人が犠牲となっています。たまたまGAMメンバーと同じ名前だったために射殺されてしまった男の人もいます。GAMメンバーをかくまっているのではないかと疑われて、焼き討ちされた村もあります。家の中で休んでいたところ、国軍兵士が無差別に発砲し、片目を失った老人もいます。中には20歳のとき国軍兵士に誘拐され、5カ月間監禁されたうえに、毎晩レイプされた女性もいます。彼女は、最初レイプされる前に電気ショックをかけられましたが、気絶しなかったために、国軍兵士に左の乳首を切り取られました。

このような犠牲者や、その家族、友人たちは、それまで無関係だった独立運動に共感し、支持するようになります。アチェが独立すれば、自分たちに暴力を振るい、自分たちの尊厳を傷つける国軍がいなくなり、平和に安心して暮らせるようになると信じるからです。若い男の人たちは、家族や友人を守るため、もしくは殺された家族や友人の復讐のため、武器をもって闘うようになります。

武器をもたざるを得なかった犠牲者たち

シャムシアさんの息子たちも、そうしてGAMに入りました。シャムシアさんは90年、夫を国軍兵士に殺害された多くの女性の一人です。シャムシアさんの息子のディアさんは、ある日、コーヒー屋で友だちとおしゃべりをしていました。そこへ国軍が来て、市場を包囲したのです。国軍の姿を見て怖くなったディアさんは、コーヒー屋の裏から出て、竹やぶに隠れます。しかし国軍に撃たれて逮捕されました。国軍につかまっている2カ月のあいだ、ディアさんは逆さ吊りにされ、電気ショックをかけられました。のどが渇くと、国軍兵士の尿を飲まされたそうです。解放されたディアさんは、そのままGAMメンバーになりました。

別の息子イリアスさんは、キュウリをとって市場に売りに行こうとしているところで、国軍とGAMの武力衝突に出遭いました。国軍兵士が無差別に撃った銃弾が、イリアスさんにあたりました。銃弾は背中から入り、今もあばら骨のところに残っています。だれも治療してくれなかったイリアスさんを治療してくれたのがGAMでした。イリアスさんは武装訓練を受けて、武器をもつようになりました。じつはシャムシアさんの娘も、国軍の暴力の犠牲になっています。国軍が村の中で無差別に発砲したとき、家にいた娘の右の乳房に銃弾があたったのです。右乳房の肉はぐちゃぐちゃになりました。シャムシアさんは「撃たれた彼女とだれが結婚したがるでしょうか」と、娘の結婚についてあきらめています。

政府は、GAMをテロリストと呼びます。アチェが、インドネシアの中で、最初にイスラームが入ってきて、イスラーム信仰の強い地域であることから、しばしば「イスラーム原理主義者」だとも主張します。そうして、政府は、アチェでの人権侵害、暴力を正当化しようとするとともに、国際社会がアチェの問題に関心を払わないようにしてきたのです。しかし、これまで国軍の犠牲となってきたアチェの人々にとって、GAMは自分たちのために闘ってくれる存在です。一般的にテロリストと呼ばれる人々が、なぜ武器をもつようになったのか、なぜそこまで追い詰められてしまったのか、私たちは考える必要があるでしょう。そうすれば、アチェで起きていることが、じつは私たちの暮らしと密接にかかわっていることも見えてきます。

地下資源が紛争を後押し

アチェは豊かな天然資源を有する地域です。じつは、この天然資源こそ、アチェの紛争の原因ともいえるものなのです。70年代はじめに発見された天然ガスの開発のため、日本やアメリカは多額の援助・投資をおこな

▶アチェでは多くの人々が紛争を平和的・民主的に解決する手段として「住民投票」を要求している。2002年11月、州都バンダ・アチェには国軍の妨害にもかかわらず、数十万人が集まった。

いました。しかし、もともとアチェに住んでいた人々は、この開発で豊かになることはありませんでした。むしろ工場建設のために、土地を奪われたり、生計を立てる場所だった海や川を汚染されたりしました。工場で雇われたのも、アチェの人々ではなく、大都市出身の人々でした。アチェの人々は、こういった問題について訴えますが、政府も工場も耳を傾けてくれません。こうして、アチェの一部の人々は、自分たちの土地を自分たちで管理するようにならなければ、何もかも奪われてしまう、という思いから、自分たち民族の運命を自分たちで決める権利（民族自決権）を求めて闘うようになったのです。

国家テロに荷担している日本

アチェ独立運動がはじまると、外国からの援助・投資を受けて建設された工場を守らなくてはならないというので、インドネシア国軍が送られてきます。天然ガス精製工場にも、多額の警護料を支払われて、国軍兵士が駐屯しています。この工場内にある国軍キャンプは、「拷問センター」として有名です。GAMメンバーだと疑われて逃げた夫をもつ女性は、夫の身代わりに、このキャンプに連れてこられました。そこで彼女は、人が生きたまま焼かれるのを見たといいます。私の友人の先生も、やはりこのキャンプに連れて行かれ、拷問を受けたあとに遺体で発見されました。遺体は、手首から上の部分の肉が削げ落ち、骨が見えていただけでなく、爪がすべて剥がされ、腕が縛られたままだったそうです。

じつは、この天然ガス精製工場は、日本のODAで建設されたものです。そして、ここで精製された天然ガスのほとんどは、日本に輸出されています。つまり、私たち、日本の納税者、消費者が、アチェの人々を拷問したり、殺害したりしている国軍兵士におカネを支払っていることになります。しかし、私たちは、そんなことをほとんど知らされていません。私は、GAMをテロリストだとは思いません。彼らが武器をもって闘うようになった原因を考えたとき、間接的であるとはいえ、彼らをそこまで追い詰めた私たちこそ、テロに荷担している張本人であると思えるのです。

▶▶ 佐伯奈津子

6 戦い合わない未来を抱こう

「だから戦争は絶対しちゃなんねぇの」

在日朝鮮人としてただ一人、元日本軍慰安婦だったことを告白し、日本政府の謝罪を求めて1993年から裁判をたたかってきた宋《ソン》神道《シンド》さんは、その体験を語る証言集会のたびに、「だから戦争は絶対しちゃなんねぇの」。そう強調します。

宋さんの日本軍慰安婦としての過酷な体験を知った大学生が、声を詰まらせ日本人として申し訳ないと謝ると、宋さんはこう言葉を返します。「涙流して聞いてくれてありがと。でも、あんたたち若い人に罪はねぇの。バカみたいな戦争を二度としちゃなんねぇってことをいいたくて話してんの」。

終わらない歴史

2002年9月17日、戦後はじめておこなわれる日朝首脳会談に、少なからぬ在日コリアンが期待を寄せていました。とくに戦後補償を求めて裁判を起こしてきた当事者と支援者の期待は膨らんでいたと思います。日本に対する戦後補償を北朝鮮政府がしっかりと求めることで、切り捨てられ続けてきた被害者個人の日本政府に対する戦後補償裁判にも風穴を開けられるかもしれないと、わずかな望みをつないできたからです。

しかし、期待は粉々に打ち砕かれました。私はその日外出もせず、ずっとテレビのニュースにかじりついていました。夕方4時過ぎに入った会談の結果を伝えるニュースは、私の想像を絶するものとなりました。11名の日本人拉致。そのうち7名はすでに死亡。

目の前が真っ暗になりました。

私はその日、朝日新聞のインタビューにコメントを寄せることになっていました。頭が混乱して、とめどなく泣けてきます。どうしてこんなことに？　なぜこんなむごいことを？　答えてくれる人も、道を指し示してくれる人もいません。迷った挙句、在日コリアン３世の私だからこそここで話さなければならないのだと、腹をくくりインタビューに応じました。

翌朝の新聞に掲載された自分の言葉を見ながら、日本と朝鮮半島の暗く終わらないこの100年の歴史を思って、心が沈みました。

「拉致であってほしくないと祈るような気持ちだった在日にとって、金総書記には裏切られた思いだろう。子どもの帰りを何十年も待っている家族の会見を見て本当に胸がつぶれた。過去の強制連行も拉致も被害を比較し、取引できるものではない。長い敵対関係の中で起きた国家犯罪で、指導者が国家として責任を取るべきだ」

「拉致に協力したんだろ」と罵声を浴びせられて

日本による植民地支配の結果、日本に住むことになった朝鮮半島出身者の子孫としてこの地に生まれた在日コリアン３世は、祖父母の無口な雄弁さと父母の苦労を垣間見て育ちました。その中で、国家の犯した犯罪が被害者の立場に立って人道的に裁かれないことが、どれだけの悲劇を生むかを、ほんの少し知っている世代ではないかと私は思っています。

いまだかつて経験したことのない、とてつもない暗闇が迫ってくるという予感はありました。小泉首相の靖国神社参拝に韓国が反発すると、日本に住む私たちに攻撃は向けられ、北朝鮮と日本の関係が悪化するたびに、在日コリアンの仲間を集めるためのささやかなホームページの掲示板に書き込まれる「朝鮮へ帰れ」。いつも国家と国家の狭間に立たされて理不尽な攻撃を受け、心ない言葉を浴びせられてきました。けれど私は国家関係に翻弄される存在でいたくなどありません。何人であろうと、国籍がどうであろうと、悪いものは悪い、良いものは良いと堂々といおうと考えてきました。国家による暴力の犠牲になるのは、いつも市民だからです。

拉致被害者に対して胸を痛め、国家犯罪に怒り、誠実な補償を求める私たちの気持ちをよそに、すぐに在日コリアンへの攻撃ははじまりました。目を覆う言葉が掲示板に現れ、新聞全国紙の見出しには「在日韓国人、拉致に関与」のタイトルが踊る日々。在日韓国人って、だれのこと？　この国に在日コリアンは「国籍」ベースで見ても60万人近くいるんだけど？

予想に違わず、新聞記事を見た人から書き込みが舞い込みます。「やっぱりお前たちも拉致に関係していたんだろう。とっとと謝れ」。常軌を逸した言葉の羅列を前に、友人たちはとうとう掲示板すら見ることができなくなってしまいました。

「お願いだから、外に出たらハングルをしゃべらないで」

在日コリアンの友人は、去年の9月17日以降、何度もお母さんからそう釘を刺されるといいます。「在日だってバレたら、ひどい目に遭うから」。それがお母さんの理由です。そんなバカな、と思うかもしれませんが、在日2世の彼女のお母さんは真剣です。「日本を出て、どこかに移住しよう」と、九州の実家に住む母親から電話をもらった後輩もいます。「出て行くって、どこへ？　大体なんで俺たちが出て行かなきゃならないの？」と彼は失笑しますが、お母さんは真剣そのもの。その彼に今度は「マジで逃げた方がいいの？」と思ってしまうような事件が起きます。決まっていた家庭教師のアルバイト。教員免許をもつ彼は、教えるのはお手のもの。ところが相次いで2件キャンセル。理由を問いただすと、派遣会社の人は事務的にこういったそうです。「このような時期にあなたのような人に来てもらうのは、不本意だとおっしゃっています」。

共に生きる未来をつくるために

「真綿で首を締めるような」という表現がありますが、なんだか本当にそんな感じがします。このままいけば、いつかは隣りで笑う日本人の友人たちが私に銃口を向ける日が来るのではないかと、時々しゃれにならない妄想が頭をよぎります。

アメリカによるイラク攻撃に反対するピースウォークの波の中を、在日コリアンの友人たちと「No War」のプラカードを掲げて歩きながら、この人たちは攻撃の矛先が北朝鮮だったとしてもこうして反戦、非戦を訴えて街を歩くだろうかという懐疑的な気持ちに駆られもします。

でもいっぽう、そんな自分を反省します。泣くよりも笑って、疑うよりも信じて、折れずにたおやかに生きよう。これほど多くの人たちが「戦争ではなく平和を」と訴えている。可能性を信じる人にこそ未来があるのだと。

イラク攻撃がはじまって数日後の３月28日。宋神道さんの最高裁判決がひっそりと下されました。「上告棄却」。訴え自体、取り上げるに値しないという意味の判決が下されるまでに費やされた歳月は、10年。

最後の裁判報告会、会場を埋めた人々が偲び泣くのをよそに、宋さんは気丈です。

「裁判に負けたからって、オレがいいたいことは変わらねぇの。もう二度とバカみたいな戦争しちゃいけねぇの。みなさん、頑張りましょう！」

いつのまにか宋さんが歌って踊り出します。ユーモアたっぷりの宋さんの姿に、瞬く間に笑いが満ちていきます。そう。必要なのはこの作法。たおやかに、折れずに、笑うこと。

戦い合わない、共に生きる未来をつくるために、ひとまず私は笑顔を刻みます。

▶▶ 琴玲夏

7 戦争は「必ず」避けられる

原因とメカニズムを分析しよう

地震や台風は避けられなくても、戦争は避けられます。なぜかというと、戦争は人が起こすものだからです。それには理由があり、意志が働いているからです。その原因とメカニズムを解明し、戦争はしないという意志があれば、必ず戦争は避けられます。

2000年9月、イスラム教の聖地に、イスラエル右翼政党リクードの党首アリエル・シャロンが、兵士を従えて侵入しました。このパレスチナへの挑発から、テロと報復の応酬が再びはじまりました。双方の社会に不安と不満を増大させ、イスラエルでは右派が支持を伸ばし、シャロンは首相の座に着き、パレスチナでは過激派をさらに台頭させました。みんなが、シャロンのシナリオに見事に乗せられたわけです。

ここで、両者の力はけっして対等ではないという事実を押さえておくべきでしょう。パレスチナ人の抵抗運動は、軍隊に向かって子どもが石を投げるという構図に象徴されてきました。到底勝ち目のない戦いを、なぜ彼らは挑むのでしょうか。私たちは、命を賭ける彼らの動機を短絡的に宗教問題や民族紛争に求めることで、彼らの現実の苦しみから目を背け、そもそも国連決議でパレスチナを分割するという、本来この問題の根底にある事実を遠ざけてきました。

軍事占領下のパレスチナに自由はありません。自分たちの法律もなく、ちょっとした疑いで、イスラエル軍に拘束、収監、拷問、追放となることは日常茶飯事です。家屋や工場、農地がテロ対策を理由に破壊尽くされています。移動も制限され、救急車も停止させられて病人や妊産婦が死亡します。イスラエルとの平均所得の格差は数十倍になり、８割が国連の貧困ライン以下の生活を強いられています。明らかに国際法に違反するイスラエル入植地も増え続け、それもまたパレスチナ人からあらゆるものを奪います。ガザでは4000人の入植者が100万人以上のパレスチナ人と同じ量の水を消費しています。入植地を結ぶ道路で、ヨルダン川西岸地区は二百数十の島のように分断され、往来が著しく制限されています。

「苦しみの側」の視点から原因を考えることで、パレスチナの抵抗運動の動機のみならず、問題の構造を見極めることができます。足を踏んでいる人は踏まれている人の痛みはわからないからです。

人々は与えられた情報やイメージに支配され、戦争に呑み込まれていきます。イスラエルでは、タカ派のリーダーが民衆の怒りと憎悪をあおっています。憎悪はテロリストではない大多数のパレスチナ人にも向けられ、人々の中に蓄積されていく偏見と差別は、敵意を伴ってパレスチナ人を同じ人間と見られなくしていきます。それがまた、非人道的な占領政策を進める下地となっているのです。

もちろん、一部のパレスチナ人のおこなう「テロと呼ばれるもの」を容認するわけではありません。しかしその前に、イスラエルによる虐殺をふくむ軍事攻撃を「テロ」と呼ぶべきです。イスラエルのテロによって生み出された怒りや憎しみをそのままにして、パレスチナ人の「テロと呼ばれるもの」を力で抑圧しようとしても、それは可能なことではありません。原因を認識し、その構造を変えていかなければならないのです。

テロと報復という現象だけを見るのではなく、「なぜ」という問いかけを掘り下げ、その原因と構造を、客観的にたどっていくことによって、解決策や防止策が見えてくるのです。

報復より価値ある行為を

イスラエルの軍事侵攻に限らず、アフガニスタン攻撃も満州事変も報復が大義名分になっています。真珠湾攻撃もアメリカ人の復讐心をかきたて、原爆投下につながっています。

本来、いわゆる「仇討ち」は野蛮なことで、心情的には理解できても、実行しないのが現代の常識です。それが崩れているのは、国家間の争いでは他の解決方法が機能しないからなのでしょうか。いえ、それは、圧倒的な力の差が、対話や交渉をばかばかしくしているからです。まさに「やったもん勝ち」が見えているから、やりたくてしかたのない人たちがいるのです。

テロと報復というのは、ニワトリと卵ではありません。「力」の側にイニシアティブがあることは明らかです。いい換えれば、この争いの構造において圧倒的に大きな責任をもっているということでもあります。そして今のところ、私たち日本人は力の側にいるわけです。ですから、戦争を止める大きな可能性と責任をもっているのです。

このような社会認識と合わせて人間の心の構造への認識も必要です。報復したい心を抑えることは難しいとは思います。そして人間は欲と怒りや憎しみに弱いものです。その怒りや憎悪を暴力に訴えてしまいがちです。

▶ガザのビーチ難民キャンプで。
パチンコで石を飛ばすパレスチナの少年に対して、機関銃で応じるイスラエル兵が家の壁に描かれている。上の顔の肖像は殺された（殉教）少年や若者。

でも、怒りや憎悪をもつことは、それ自体苦しみであり、それを形にすることが、より大きな苦しみや問題を招くということも、経験的に知っています。それが社会化し、法による抑制や制裁というかたちになりました。

人間に正義感があり、危険よりも安全を好み、社会がそのような方向で合意されるのならば、正しい事実認識の上に報復や戦争をしない選択をするはずです。自分自身をも救う、報復より価値ある行為はいくらでもあるのです。

平和の「意志」をもって

そうはいっても、戦争で解決したい人、何がなんでも許せない、目障りな存在を抹殺したいという人たちがいることも事実です。差別や偏見、憎悪の世界から抜け出せない人々がいます。非暴力で民主的に解決できると考える人々の対極にそういう人たちがいて、両者の間に多くの一般市民がいるわけです。いま、その中間にいる人々が憎悪と被害者意識をあおり立てられて、好戦派に絡めとられ「右傾化」しています。彼らをこちらに引き戻すためには、本当の情報を流し続けることがまず必要です。パレスチナや北朝鮮でも多数派である「普通の人々」の現状を伝え、できれば市民同士交流することです。

力の側からは真実は見えてきません。本当に苦しんでいる人、弱い立場の人、不安を抱えている人の視点から自分とこの国、そして世界のありようを見つめなおす必要があります。そして憲法9条のような「意志」をもって、一つひとつ原因を問い直し、構造を改めていくプロセスに参加していきたいと思います。「理想」には程遠いかもしれませんが、あきらめない勇気をもちましょう。

私たちのこの国も、みんなが社会参加できる選挙がはじまってからまだ100年足らず。その歴史の中で身分の制約、所得の制約、男女の制約が少しずつなくなってきました。もちろん強制連行もふくめ何世代も前からこの国を担い、社会に貢献してきた在日の人など、課題はまだまだあります。今を生きている者として、後戻りだけはしたくありません。

▶▶ 大河内秀人

江戸時代の鉄砲

かつて日本は世界一の軍事大国だったことをご存知でしょうか？　スペイン、ポルトガルが世界を力で次々に征服していった大航海時代、日本は戦国時代の真っ最中でした。1543年に日本に伝来した鉄砲が本格的に戦に登場するのはそれから30年後の「長篠の戦」でした。鉄砲隊を3列に配置した織田·徳川軍は、当時最強といわれた武田の騎馬隊を圧倒。これを機に刀や槍に代わり鉄砲が戦の中心的な武器になりました。16世紀の日本は世界最大の武器保有国で、鉄砲の数は数万を超えて、製造技術と生産体制で他国を圧倒していたのです。

NPT（核拡散防止条約）では五大国のみに核保有を認め、他の国には禁止する不平等なものです。ところが1607年、当時の為政者徳川家康は突然、諸大名の鉄砲の所有と製造を制限しました。一番の理由は幕府の軍事的優位を保つため。ここで、驚くべきことに支配者たる幕府でさえも鉄砲の製造を徐々に放棄してしまったのです。この事例は世界史上、類のない「戦わない方法」の選択でした。苦労して剣の技術を磨いても、鉄砲には勝てないので武士たちが嫌ったという面もあったようですが、それにしても支配者までがやめてしまうとは。その平和な時代が約250年間続きました。

鉄砲は回収されて、農具や刀に打ち直されました。それまで人を殺していた鉄が田畑を耕す道具に生まれ変わったのです。鉄砲鍛冶は刀鍛冶へと、鉄砲用の火薬を作っていた砲術師たちも、用途を当時伝来した花火に火薬の使い道を切り替え、文化の担い手として生き残っていきました。

よく「一度手に入れた技術はなくせない」とか「問題があったとしても軍事技術で社会は発展する」との主張があります。しかし、こと江戸に限っては当てはまらないようです。さらに当時のヨーロッパの都市が排泄物に汚染され、つねに伝染病が隣り合わせだったのに対し、江戸は清浄な完全リサイクル社会として、絢爛の時代を迎えていたのです。

こうした日本の歴史から、現代に生きる私たちは何を学べるのでしょうか？ 戦争の恐怖をなくすには、武器をなくしてしまうのが一番！ そして、それは可能なんだ、ということではないでしょうか。世界の政府に武器の放棄を働きかけ、戦う準備なんかやめて楽しく暮らせる社会にしましょう。

（小林一朗）

2章

気軽にいろいろやってみよう

8 街の空気を変えていこう

ピースウォークに参加してみませんか？

2001年ニューヨークで起こった9・11事件と、それに対するアメリカの報復攻撃の後、武力での解決に疑問を感じたり、「自分がいま、できることは何だろう」と模索しはじめた人たちが、主にインターネットで呼びかけ合い、いくつかのグループが誕生しました。

新しく誕生したこれらのグループが力を注いでいるのが、表現方法。若者の集まる渋谷や原宿で「一緒に平和をつくろう」と呼びかけることからはじめています。

その一つ、「CHANCE！」（平和を創る人々のネットワーク）に加わったのが、演劇や歌などの表現活動をしている星野ゆかさん。米英によるイラクへの攻撃と日本政府の戦争支援に反対するピースムーブメント「ワールド・ピース・ナウ」（WPN）では毎回ステージで司会を担当したり、パレードでは街頭の人たちに「一緒に歩きませんか」と元気に呼びかける姿が印象的でした。ゆかさんはそれまで平和活動には参加したことがなかったとか。彼女の思いの変化を聞きました。

「ちょうど舞台の本番前に9・11の事件が起こって、だれかと話したくても時間も余裕もない状態でした。それでも戦争反対のデモに飛び入りしたり、新聞やニュースに見入ったり、自分にできることをずっと考えていました。そして雑誌の記事でCHANCE！のことを知り、早速ホームページを見てみました。一人ひとりが自分の責任で考え、表現するピースウォークをやっていることを知りました。ここでなら自分も何かできると思ったんです」

20代、30代の人たちが集まって「戦争を回避する方法はないだろうか」「無関心な人たち、とくに若者にどうすれば伝えられる？」と、熱い議論を毎晩遅くまで続けていました。ゆかさんは、最初はひたすらみんなの意見を聞いていました。

「平和や環境、社会的な話題というのは、いつでもどこでもできるものではない、というのがそれまでの認識でした。興味のない人たちの間では、場が白けてしまうことがあるでしょ。でもCHANCE！ではみんな全開だったんです。ここではむしろ思いを伝えること、表現することが当たり前でした。それぞれが『平和をつくること』を真剣に考え、自由な発想で率直に話し合っているのが新鮮で感動的でした。それで、私も思っているとおりを自然に表現できるようになっていったんです」

表現活動で身につけた発声法や個性を生かそうとしてくれたのは周りの人たちでした。いつしかピースウォークやピースイベントの司会、進行役は彼女の役まわりとなります。

それぞれに活動していた従来の平和運動グループやNGOとも協力して立ち上げたWPNは、2003年1月18日、日比谷公園野外音楽堂に約7000人を集めました。続く3月8日は約4万人。市民主催の平和集会としては異例のことで、近くはじまるかもしれないアメリカによるイラク攻撃をなんとか止めたい、と一人で参加した市民も目立ちました。

「会場を埋めつくす人たちをステージから見て胸が熱くなりました。お正月も返上して準備を重ね、前日までチラシを配って、それでもどれぐらいの人が集まってくれるかは見当もつかないので、ほとんど眠らず最後のお知らせをメールで出したりしていました」

一人でも多くの人に参加してほしい。平和を願うだれもが一緒に歩けるピースパレードを作りたい……。呼びかける言葉や表現にも工夫をこらしました。

「集まった一人ひとりの参加者が主役になれるような、自分の主張を表現できるような機会にしたかったんです。経験のない私が司会でいいのだろうか？ と迷いました。でも、経験がないからこそ、それぞれが自分の思いを表現することを応援できるんじゃないかと思って」

WPN のパレードは個性あふれるメッセージやプラカードを持つ人、目をひくようなコスチュームで歩く人が大勢参加しました。

「『デモをしても戦争は止められない』っていう人がいます。でも私はみんなに想像してもらいたいんです。もし、そういう思いをもっている人が全員、それを行動に移したらどうなると思いますか、って。世界中の人が本気で『止めよう』と思えば必ず止められると思うんです。一人ひとりが毎日の生活で、それぞれの場所で行動や表現をしていけば戦争はなくせます。だから『ほんの少しの距離でもいいですから、一緒に歩きませんか』と語りかけてきたんです」

一緒に歩く人がもっともっと増えたとき、戦争は止められる、ゆかさんの話を聞いていると、ホントにそんな気になってきます。たぶんそれは無理な話ではないでしょう。

» パフォーマンスで社会に関心を

路上やピースパレードで反戦・平和をアピールしながらパフォーマンスを繰り広げる「アジアン・スパーク」は、「アジアから平和を興していこう」を合い言葉に 2002 年 7 月、結成されたグループです。

20人ほどからなるメンバーの多くが学生。その中の一人、須黒奈緒さんは9·11以降に平和活動をはじめた同世代の人たちとは違い、周囲の大人からの影響で、物心ついた頃からデモや集会に参加していたという長い活動キャリア（？）の持ち主です。

「昔から平和運動をやっている人の、ゆるがない、譲らない部分も理解しているつもりですし、『それじゃ広がらないよ』という若い人たちにも共感できるんです」

WPNの実行委員会に出席し、アジアン·スパークの存在を知ったのが、路上パフォーマンスに参加するきっかけでした。休日の代々木公園で、仲間の一人であるアーティストが書道を披露し、『何だろう？』と足を止める若者たちに、ブッシュ大統領のお面をかぶった仲間が、「イラク攻撃反対」のデザインを凝らしたチラシを配る……。効果は絶大で、多くの若者が受け取って読んでくれました。やっぱり学生や若い人たちに働きかけるには、自分たち流のやり方が有効なんだと確信しました。

「目や耳がこっちに向いているのがわかるので、はまっちゃいました(笑)。パフォーマンスは手段の一つに過ぎませんが、伝えたいと思ったら、表現はとても大切。何でそんなことやってるの？ とチラシを読んでくれるだけでも、マスコミでは報じられない事実が多少は伝わるのでは？ アジアン・スパークは、『戦争・地雷・飢餓ゼロ』を目標に活動していますが、おもしろそうだからと参加した人が、社会にどんどん目を向けはじめた例もたくさんあるんですよ」

WPNのパレードでは、銀座や渋谷の街を、仮装したり、ロックグループのブルーハーツの曲をかけながら歩きました。そういった映像が新聞やテレビで報じられたことも功を奏し、その後のピースパレードでは趣向を凝らしたプラカードやコスプレも急増。

「こんなことやっていいんだ、政治って堅苦しいことじゃないんだ、と気軽に参加できるきっかけづくりになったんじゃないでしょうか。平和運動を一部の人の閉じられた場ではなく、だれでも入れるオープンな場にしたいですね。『人を殺したくないよ』というだけの方も歓迎です」

戦争反対！ と叫ぶのは簡単だけど、戦争をしない、させないためには、たくさんの人たちの気持ちに訴え、動かすことも必要。パフォーマンスに限らず、街の人たちに関心をもってもらうために何ができるのかを考えていきたい、という須黒さん。駅前での演説では立ち止まらない人たちも、工夫を凝らせば聞いてくれるし、参加してくれます。全国の公園にいる大道芸人や街角で歌うアーティストの卵たちが、少し趣向を変えた表現をしたとしたら。自分たちだけではできない発想とアクションができそうな気がしてきます。こんなに軽やかに街の空気を変えていくこともできるのです。

▶▶ 室田元美

9 サッカーでお互いの理解を深めよう

サッカーはここがすごい

2002年6月に日本と韓国でワールドカップが開催されました。サッカーが好きな人もそうでない人も、テレビで見ない日はなかったでしょう。このとき、試合がおこなわれた日本の10都市には、そこで試合をする国の人々が大勢集まってきました。

日本では、開催前にフーリガン対策といって厳重な警戒ぶりがマスコミでも報道されていましたが、対戦する国の人同士がユースホステルやパブで出会うとけんかをすると思いますか？　答えはノー。試合以外の場所ではどこの国の人もとても仲がいい。陽気で、お互いに持っているビールやワイン、コンビニで買ってきた日本のおつまみを食べながら、テレビを見ながら、サッカーの話をしています。試合当日のフレンドリーな様子に日本中のだれもが、事前の行き過ぎた警戒ぶりをおかしく思ったことでしょう。サッカーより暴れることが目的のフーリガンとサポーターは違うのです。

その中にたくさんの日本人も入っていきました。はじめて会った人同士がサッカーが大好きという思いを認め合う。それがサッカーのいいところであり、ワールドカップの醍醐味なのです。

韓国と日本の濃密な関係

2002年のワールドカップでは日本と韓国が共催しました。そこから、日本中が「共催国の韓国を応援しよう！」というムードが高まり、韓国を応援したり、韓国が勝つのを喜んだ人は大勢いました。そのいっぽうで、インターネットでは韓国が勝つごとに韓国に対する罵詈雑言の書き込みも増えていきました。

日本のサポーターにとっても、韓国は長年のライバルです。なにしろサポーターは12番目の「選手」といわれるくらいです。韓国よりもすばらしい応援をすることで、チームが勝つ。そのために応援しているのだから、応援で韓国に負けるわけには絶対に絶対にいかない。そういう思いでサポーターも韓国に勝つことを目標にがんばってきました。

かつては韓国に勝たなくてはワールドカップに出られないといわれ、韓国に勝つことが一番の目標だった時代もありました。韓国も同じです。最近は日本の方が国際試合の成績がよかったので、韓国では国中でそのことを大問題にしていたほどです。お互いに相手を憎らしい、悔しいと思う気持ちを「共有」してきたのです。

でも、サポーターにとって韓国という国は憎い相手だけど、なくなればいいと思う人はいません。韓国の選手を嫌っても、死んでしまえばいいと思う人はいません。戦争が起こってイラクのように韓国という国がふっとばされたりしたら、または、クラスター爆弾で選手の足が吹き飛ばされたらと想像するだけで「そんなことはやめてくれ！」と絶叫するのがサポーターなのです。

それは友情という言葉ではけっして表現されることはないけれど、それでは説明がつかないくらい濃密で真剣な思いを相手に対して抱いてきたのです。だからこそ両国の過去にあった戦争の歴史についても理解しよう、過去の壁を乗り越えようという努力をそういう形でしているともいえるのです。

サッカーは武器のない戦争!?

「サッカーは武器を持たない戦争だ」といわれることがあります。これは日本でワールドカップ開催が決まり、「ホスト国でワールドカップに出場できなかった国はない」というプレッシャーがかかるようになってきた、97年のアジア最終予選ごろからいわれはじめました。たしかに殺し合いをしそうなほど真剣に戦っているし、第二次世界大戦後、武器のない戦争によって平和のイメージを強くアピールするためにワールドカップを盛り上げた、という説もあるので過言ではありません。

では、世界中の人々は「サッカーは武器を持たない戦争だ」と思っているのでしょうか？

ワールドカップの期間中に出会った、アイルランド人はこういいました。

「フットボールは試合が終わった後、選手同士でユニフォームの交換をしているけど、あれは何のためにしているかわかるかい？　あれはお互いの健闘をたたえ合って、またピッチで会おうという再会を誓ってしているんだ。戦争はお互いを認め合い、また会おうといい合うものではない。戦争はお互いに二度と会えなくするために、戦っている。そんなものとフットボールが同じはずがないね」

他国の人にも「サッカーと戦争は同じだと思いますか？」と尋ねたところ、「サッカーは人々が理解し合うためにつくられたものだ」と答えたスウェーデン人がいました。また、「テロや戦争、人種差別はサッカーと対極にあるものだ」と答えたサポーターは大勢いました。

サッカーを好きな人たちはサッカーの話をすれば、深く理解し合えることをよく知っています。日本にやってきたドイツ人の交換留学生は「ワールドカップのときに故郷のベルリンのサッカーチームに詳しい日本人と出会い、サッカーの話をしました。普通の日本人の友だちはたくさんできたけど、サッカー好きの日本人に出会えたのははじめて。サッカーに詳しい日本人がいるとは思わなかったので、日本を大好きになった」と話しています。サッカーは国境を越えて人と人とを結びつけるのです。

自分の好きな、あるいは知っている外国人選手の話をしたり、日本のサッカーの話をしてもいいでしょう。それをきっかけに、今まで興味のなかったその国の文化や、人々がどう生きているのか知ることもできます。知り合ってしまった人の住む国を攻撃するなんて、もはや考えられませんよね。

サッカーで戦争をなくす方法

ワールドカップでカメルーンが日本に来るのが遅れたことやその後の出来事で、大分県の中津江村が注目されました。ニュースではそこまでしか報道されていませんが、じつは中津江村の人々はワールドカップが終わった今も、カメルーンとの交流を深めています。サッカーのことを何も知らなかった人々がサッカーの応援を通じて、その後も続く国際交流を通じてカメルーンについての勉強をはじめました。

お互いの理解を深めたサポーター同士が国を超えてつながることは簡単です。ならば、それを利用して戦争をなくす手段にするのはとても有効です。たとえばワールドカップで来日したサポーターの多くがメールアドレスをもっていました。お互いにメール交換をして戦争に対する意見を聞くことで、そこから「再びグランドで会うためにも、戦争を止めよう」と呼びかけることができます。サポーター一人とつながることは思いを同じくするまた別のサポーターともとてもつながりやすいので、サッカーを通して多くの人と連帯することは難しいことではありません。

アメリカが攻撃したイラクは、93年にＪリーグができたばかりの日本がワールドカップ出場を目指して戦った相手でした。このときの試合は後半ロスタイムでイラクに1点入れられ、日本はワールドカップ出場を逃し、「ドーハの悲劇」と呼ばれました。

この試合に出ていたサッカー元日本代表のラモス瑠偉氏は「ドーハで戦った選手の安否を確かめ、ぼくらが復興のために何ができるのか、自分の目で見て考えたい」とイラクに向かいました。現在、日本とイラクの試合をもう一度やろうという企画もあります。

こんな形での「つながり」や「コミュニケーション」は、ただ人間を「敵」としか見ない戦争の対極にあるものです。人としてつながることから戦争を抑止するのはどうでしょう。そのときサッカーは、とても有益な手段になるはずです。

▶▶ ジュンハシモト

10 大使館を訪ねてみよう

国連の「第三の役者」

イラク戦争がはじまる前、国連の様子がテレビで何回も中継されました。当時、イラクが大量破壊兵器をもっているのかどうか、国連が査察をおこなっていました。これに対して、「査察をうち切って戦争をはじめたいアメリカ」と「査察を継続して戦争を回避したいフランス」が論争していました。もっぱらの注目の的は、「アメリカとフランスの対決」でした。

そんな中、「第三の役者」が登場してきました。カメルーン、チリ、メキシコ……、ふだんはなじみの薄いこれらの国々が、「中間派」と呼ばれ、にわかに脚光を浴びるようになったのです。

国連の安全保障理事会（安保理）は、5カ国の常任理事国（アメリカ、イギリス、フランス、ロシア、中国）と10カ国の非常任理事国（任期は2年。交代制）で構成されます。常任理事国5カ国は、拒否権をもつ（つまり、5カ国のいずれかが反対すると何も決定できない）うえに核兵器ももっているという文字通りの「大国」です。これに対して非常任理事国には、アフリカ、ラテンアメリカ、アジアなどの「小国」も入ります。

非常任理事国の大多数は、「戦争は避けるべきだ。査察を続けたほうがいい」と、フランスに近い考え方をもっていました。とはいえ、「超大国」アメリカに表だって異論を唱えるのは、なかなか「小国」には難しい。そんなわけで、「中間派」と呼ばれたのでした。

大使館応援ツアー

そんな頃、アメリカ大使館の前に集まり「戦争をはじめないでください」とのメッセージを届けてきた人たちの中で、「アメリカだけでなく、他の国の大使館にも行ってみよう」というアイデアが生まれました。戦争をさせないようにがんばっているフランスや、悩んでいる「中間派」を応援しに行こうじゃないか、と。

こうして生まれた「イラク攻撃にNO！ 大使館応援ツアー」は、1カ月間で11カ国の大使館を回りました。安保理で戦争にはっきりと反対していたフランス、ドイツ、ロシア。「中間派」のアンゴラ、カメルーン（以上アフリカ）、メキシコ、チリ（以上ラテンアメリカ）、パキスタン（アジア）。安保理の外で、積極的に戦争反対の意思表示をおこなっていた南アフリカ、マレーシア。意見が分かれるヨーロッパをまとめようとしていたギリシャ。のべ数十人が、「ツアー」に参加しました。

東京で世界一周

アンゴラの大使は、コーヒーをごちそうしてくれました。そして「私の国は、つい最近までの40年間、自国で戦争をかかえ苦しんできた国です。戦争は避けなくてはならないという思いは、みなさんと一緒です」と語りました。帰りがけには「せっかく大使館まで来てくれたんですから」と、アンゴラを紹介する分厚い本を参加者に1冊ずつ進呈してくれました。

メキシコの書記官は、参加者を日本茶で迎えながら、「ラテンアメリカは、大国の軍事介入に苦しんできた地域です。だから、軍事介入に反対するというのは、メキシコの外交の基本原則です。その点は、メキシコの大多数の市民も同じ考えです」と説明しました。

日本語がたいへん流ちょうなロシアの書記官は、「多くのロシア人は、経済での行き来を通じて、イラク人の顔をよく知っているのです。だから、イラク人が悪者でないということをみんなよくわかっているのですよ」

と、淡々と語りました。

戦争容認の姿勢を打ち出していた日本のことを、南アフリカの参事官はこういいました。「日本といえば、平和の国ではないですか……」。

また、ドイツの参事官は、こういいました。「ドイツも日本も、第二次大戦での敗戦という同じ歴史経験をもっていますよね」。

そのほか、多くの大使館で、ヒロシマ・ナガサキが話題に上りました。

大使館の方々は、日本について「だから○○してほしい」と言葉をつけ加えたわけではありませんでした。それでも、あるいは、それだからこそ参加者たちは、「日本の姿勢を見直すことが重要だ」と改めて実感したのです。ツアーは、世界各国の立場を知るだけでなく、日本のあり方を考える機会にもなったのでした。

「意見が違っても政府と国民が対話することが、民主主義だと思いませんか。オーストラリアでは最近、世論に反してアメリカの戦争支持を表明した首相が、議会で不信任とされましたよね」

これは戦争反対の国際世論をリードした国、フランスの参事官の言葉です。

応援したところで……？

「応援」の結果、戦争を止められたわけではありませんでした。

それでもニューヨークの国連本部では、多くの「小国」の大使が、世界中で広がった戦争反対の動き（60カ国1000万人以上がデモに参加した

▶「イラク攻撃にNO！大使館ツアー」の様子。2003年2月、マレーシア大使館にて。中央はアブドゥラ臨時大使。周りは参加者。

といわれています)について、「こうしたデモは、国際世論が戦争に反対していることを示している」と、公式の演説の中で直接取り上げていました。

このような多くの「小国」の声に押されて、超大国アメリカといえども、半年間ものあいだ戦争を開始することができなかったのです。戦争は止められませんでしたが、開戦は遅らせることができたのです。

つまり、大使館を訪れて「応援」するというのは、必ずしも「片思い」ではありませんでした。「大国」が自分勝手な戦争をしそうになったとき、これに抵抗したい「小国」は、「応援団」を必要としているのです。

平和の応援団

「平和の応援団」としては、ふだんからできることがありそうです。

大使館の多くは、自分たちの国のことを日本の人によく知ってもらうために、行事やパーティーを主催しています。自治体が主催して、「姉妹都市」の大使館と一緒に行事をしている場合もあるでしょう。情報を集めて、ちょっと訪ねてみてはいかがでしょうか。

各国料理の食べ歩きも魅力的ですが、料理以外のその国の「表情」を知ってみる工夫をしてみませんか。学生さんであれば、第二外国語を選択した国のことをよく知ることは、勉強にもつながりますし、一石二鳥です。

ふだんから世界の「気になる国」の表情を知っておく。そのことが、戦争のような大きな問題に対して、判断や行動をとるための基礎になります。

表情は単純ではないでしょう。世界がまったく注目していないけれど、深刻な戦争がそこで現在進行中かもしれません。また、国連での演説は立派でも、国内では人権侵害をおこなっているという政府があるかもしれません。訪ねていくうちに、視野も広がります。

ただし! とくに「小国」の大使館では、外交官が1人とか2人だけというところもたくさんあります。勝手に押しかけては、迷惑になります。まずはパンフレットをもらったり、ホームページをみるなど、相手の事情を考えながら徐々に交流を広げていきましょう。相手の事情を考えることが、外交のはじまりであり、大げさにいえば、平和への一歩です。

▶▶ 川崎 哲

11 街で写真展を開いてみよう

だれでも写真を借りてはじめられます

アフガニスタンやイラクで、パレスチナで、いったい何が起こっているのだろう……。現地の様子や人々の生活ぶりを伝える報道写真展が、ここ数年、各地で頻繁におこなわれるようになり、興味をもつ人も増えてきました。中には見るだけではなく、フォトジャーナリストなどから写真を借りて、自分の手で写真展を運営する人もいます。

鹿児島市に住む伊藤千代美さん（34歳）は2003年5月、はじめて写真展を運営しました。きっかけは前年の冬、夫が購入した、フォトジャーナリスト森住卓さんの写真集『イラク・湾岸戦争の子どもたち』（高文研）でした。

「目に飛び込んできたのが、12年前の湾岸戦争で米軍が使った劣化ウラン弾の影響と見られる無脳症の赤ちゃんの写真で、すごくショックを受けました。劣化ウランのことはほとんど知らなかったのですが、命のこと……10カ月もお腹の中で温めてきたのに生まれて数時間後には消えてしまうなんて。お母さんはどんな気持ちなのでしょう」

森住さんの写真展を見たいと思った伊藤さんは、開催場所を調べましたが、沖縄や福岡などでの開催はあっても、鹿児島では予定はないことが判明。

「え、だれもやらないの。じゃあ、やろうかしら……という軽い気持ちでした。ホームページを見ると、だれでも借りられることがわかったんです。問い合わせるとなんとかやれそうな料金だったので、決心しました」

ちょうど2月下旬。アメリカのイラク攻撃がはじまるかもしれない、と緊張が高まっていた時期でした。

準備期間の2カ月半は、目の回るような忙しさと、はじめての経験にまごつく毎日。ようやく5月8日に森住卓写真展「イラク・湾岸戦争の子どもたち」は初日を迎えます。気になるのはやはり、来場者の反応でした。

「これまでイラクのことをほとんど知らなかった人々が、大勢来られました。『かわいそうに、近くだったら食べ物も薬もあげられたのに』と涙ぐむおばあちゃんや、身動きできずにただ見守るだけの人、さまざまでした。『写真展を開いてくれてありがとう』と声をかけてくれた女医さんには、逆にこちらから『無脳症ってどういう症状なんですか、なぜ生きられないんですか』と聞きたかったことを質問してしまいました」

地元で一番読まれている「南日本新聞」はじめ、マスコミが取り上げたり、市民グループが会報で紹介してくれたこともあり、報道を見てかけつけた人も多く、みんなが真実を知りたがっていることもわかりました。

9日間の入場者は予想をはるかに超える450人。会場に設置したメッセージボードには、70を越すメッセージが貼りつけられました。

もっとも多かったのは「劣化ウランがこんなに恐ろしいとは思わなかった」との声。劣化ウランは核兵器や原子力発電用の燃料を作るときに出る放射性廃棄物で、湾岸戦争の際、多国籍軍が兵器の一部として使いました。その汚染が広がり、周囲に住む一般市民を苦しめているです。また湾岸戦争後、イラクには経済制裁が加えられたので、医薬品が輸入できず、病院に入院しても治療ができないという事態も続きました。

「私自身が何も知らなかったので、質問に答えられるよう本を読んだりインターネットで調べて勉強しました。それも収穫でしたね」

» 共感してくれる人は必ずいるはず

それまでの伊藤さんは、平和活動や環境問題に関心の高かった夫に引っ張られて、ピースウォークやボランティアに参加したことはありましたが、自分から積極的に行動した経験はほとんどありませんでした。

「だから、私が『写真展、やろうよ。大丈夫、できるよ』といったときは、夫も周囲の人たちもびっくりしていました。世界中で反戦運動が広がっていましたし、一人でも多くの人に劣化ウラン弾の被害を知ってもらえれば、イラク攻撃は止められるんじゃないかな、と思っていましたから」

会場は、社会問題に関心のある人が少しでも多く集まりそうな公共の施設を手配。さいわい会場費は展示用パネル使用料（1日750円）のみで済みました。写真58枚のリース料などはカンパや出資金を募ってまかないました。夫と2人で実行委員会を作り、チラシの作成やマスコミへの取材手配は、夫が忙しい仕事の合間をぬって引き受けてくれました。市民団体やボランティア活動で知り合った人々も見かねて手伝ってくれて。

「ピンチになると、必ずだれかが救ってくれたんですよ。だんだん『なんとかなるさ〜』という気になってきましたね」

唯一、気持ちがへこみそうになったのは、3月20日、イラク攻撃がは

2003年（平成15年）5月8日 南日本新聞

NEWS

イラクの街角や病院での子どもたちの様子が並ぶ写真展＝8日午前11時すぎ、鹿児島市荒田1丁目のサンエールかごしま

戦争見つめて

森住さん イラクの子ども 写真展

鹿児島市

劣化ウラン弾の怖さを知って―。核汚染などをテーマに世界各国で活動するフォトジャーナリスト森住卓さんの写真展「イラク湾岸戦争の子どもたち」が八日、鹿児島市荒田一丁目のサンエールかごしまで始まった。鹿児島での開催は初めて。

劣化ウラン弾による後遺症で、がんや白血病に苦しむ子どもや先天性障害を持つ赤ちゃんらの写真五十八点が、戦争の悲惨さを伝えている。写真展実行委員会かごしまの伊藤千代美さん（三三）は「テレビや新聞では紹介されない戦争の本当の姿を伝えられれば」と話している。

見学した鹿屋市新川町、牧師木村武志さん（五九）は「犠牲になるのはいつも子どもたちだということをあらためて感じた。武力がものをいう時代はもう終わりにしてほしい」と話した。

写真展は十七日まで（午前十時―午後八時、日曜は午後六時まで。十二日は休館）。無料。

▶ 地元の南日本新聞が写真入りで報道。勤め帰りの人たちも足を運びました。

（2003年5月8日「南日本新聞」掲載）

じまってしまったとき。
「もうこんなことしても仕方ないんじゃないか……。しばらくやる気が起こらず、夫から『ほら、チラシができたよ、どうするの？』とせっつかれた時期もありましたね」
あてにしていたいくつかの会場からは、攻撃がはじまると「政治的なメッセージのある写真展はちょっと……」と断られました。社会の動きによって、伝える側に自主規制が生じるんだ、ということも自分で行動しなければわからなかったことでした。
「『個人で写真展を企画するなんて、すごいね』『ありがとう』。たくさんの方から、驚かれたり感謝されたりしましたが、やりたいと思えば、だれにでもできますよ。『直感でやりたいと思ったことは、うまくいくようになってるんだよ』と、夫とも話しています」

自分の街で何かをはじめる

伊藤さんは今回、自分が住んでいる地域で写真展を開くことで、ふだんはじっくり話す機会もなかった人たちと、社会のことについて話したり考えることができた、と語ってくれました。きっと同じ街に住む人たちの中にも、「戦争を止めたい。でも自分だけでは何もできない」と思っている人、被害の深刻さを知らないがゆえに、戦争を容認してしまっている人がいることでしょう。だれもが気軽に足を運べる写真展は、そんな人たちがお互いの存在を知る機会でもあり、情報を共有したり、何かいっしょに行動を起こすきっかけづくりになるかもしれません。
また、地元のマスコミが関心をもってくれれば、最初は１人、２人ではじめたことも大きな輪になって広がり、より多くの人たちの共感が得られるのではないでしょうか。
それぞれの地域で、あなたも自分でできることをはじめてみませんか。きっと意外な可能性が見つかることでしょう。

▶▶ 室田元美

12 地元の議員と話をしてみよう

よくわからない人たちですが

現在の日本は、他国に類を見ない政治無関心人口が多い状況になっています。政治は大切だとほとんどの人が思っているし、その政治に不安や不満をもっています。しかし、政治をどうにかしようというより、「しょうがない」「だれがやっても同じ」という、あきらめの方に気持ちが傾いているのです。

日本の国籍をもつ20歳以上の人が平等に保証されている政治参加の一つに、選挙への投票があります。国や、都道府県レベルの選挙はマスコミの扱いも大きく、興味をもって参加できるかもしれません。しかし、もっとも身近な政府である自治体の議会選挙はどうですか。2003年の春におこなわれた統一地方選挙における平均投票率は東京都内平均が44.84%でした。「だれが議員かよく知らない」「何をしているのかよくわからない」という言葉をよく耳にします。とくに若い人にとっては拡声器を使って名前を連呼しているだけの選挙なんて「ださい、うるさい、めんどくさい」という人が多いのではないでしょうか。

私は現在、地域のNPOで活動していますが、じつは1991年から1999年まで2期8年、東京都江戸川区で区議会議員をしていました。議員になろうと思う前までは、私は地元の区長がだれか、ましてや地域の議会が何をしているかなどまったく知りませんでした。地域に暮らし、そこで子育てなどをしている中で、政治が自分の暮らしのほとんどを決めているという、当たり前のことに気づき、そんな大事なことを知らない“おじさん・おばさんたち”に勝手に決められるのはいやだ、と考えたのが議員になる大きな動機でした。そんな経験から、一番身近な地元の議会や行政でも国際的な動きに対する行動ができることを伝えたいと思います。

物事を知らない、知ろうとしない人たちですが

議会に入ってまず驚いたのは、地方議員たちの情報収集能力の低さです。多国籍企業が食物や水を商品化しながら、さまざまな人権問題や環境問題を起こしていること、各種国際会議で議論されていること、日本の政府開発援助（ODA）が発展途上国で起こしている問題など、日本で活動しているNGOの方がよっぽど多くの情報をもっています。これは、国際的な課題を自分が日常的にかかわっている地方自治に結びつけて考える習慣がないことに起因しています。もちろんすべての議員がそうだとはいいませんが、とくに国際的な問題に対して、おおかたの議員は政治家としての責務を果たすどころか、自分の所属する政党の政策に判断を委ね、自分の知識と考えで意見をもつことを怠っているように感じました。しかし、地域の利害が絡む問題には、本当にまじめに取り組むことも知りました。

わかりやすい例を一つ挙げましょう。1996年ごろから「多国間投資協定」（MAI）という多国籍企業に有利な国際協定を結ぼうという交渉が、経済協力開発機構（OECD）の中で進められ、これに対し、世界的な市民の反対運動が起こっていました。地域の自治体の使命は、自治体に住むすべての人の命と財産を守ることです。ですから、多くの自治体は地場産業や地元企業を守るという政策をもっています。このMAIは、そうした地場産業の存続に危機を与える内容でした。私は、1998年3月の議会で、国に対しMAIの交渉の見直しを求める意見書を、地方議会として提出することを提案しました。正しい情報と争点を示して意見書案を作り、他の議員に審議してもらった結果、全会一致で賛同されたのです。

ところが、これに続けと他地域の議会でも次の6月の議会で意見書の提出を試みたところ、多数を占める保守派の反対にあい、提出には至りませんでした。ピラミッド型の政党の底辺にいる市町村議員が、上から圧力をかけられたのです。イギリス、アメリカ、カナダなどの先進国の自治体が反対決議を多数あげていたにもかかわらず、日本では江戸川区議会が出した意見書が唯一のものになってしまいました。この意見書が直接国の判断にどう効果をもたらしたかは、残念ながらあまり期待できるものではありません。

しかし、国内の市民レベルの反対運動を力づけたことは間違いありません。MAIは1998年の秋に国際的な反対運動や国家間の利害の不一致で交渉が挫折しています（MAIの交渉は現在でも世界貿易機関［WTO］に場所を移して水面下で進められています）。

このMAIに対する反対キャンペーンの中でおこなったアンケート調査で、77％もの自治体がMAIの内容を知らされていなかったこともわかりました。議会どころか行政も無知だったわけです。ようするに、正しい情

▶全国の約3300の自治体の中で、2600以上の自治体が「平和宣言」や「非核宣言」をしているので、これも利用しよう。

報や市民の意識をきちんと伝えれば、地方議会も地方行政もそう簡単には間違った方向に進まない。少なくとも、進むことに時間をかけるわけです。

選挙民を愛してやまない人たちです

国会議員に会って何かを伝えようと思っても、直接会うにはけっこう骨が折れます。ましてや霞が関の省庁に市民が直接意見をいおうと思えば、いろいろ面倒な手続きが必要だったりして、ガードが固いですよね。それに比べると、自分の住んでいる地域の議員はとても身近です。役所に行き議会棟を訪ねれば、ほとんどすべての議員に会うことができるし、役所の職員もそんなに偉そうな人はいません。直接、議長や自治体の首長に会うことも簡単だったりします。

日本が戦争への道に進むか否か、他国の人々を傷つけるか否かは政治によって決まります。残念なことに今年2003年6月6日に「武力攻撃事態対処関連三法案」いわゆる有事法が成立してしまいました。この中の「武力攻撃事態法案」には自治体の責務や国民の協力がうたわれています。

さあ、自治体の出番です。「責務」とは何でしょうか。憲法で定めた自治権はどうなるのでしょうか。「国民の協力」ってどんなことをするの？　地元の議員に聞いてみましょう。そのとき、批判や攻撃ではなく真摯な質問として聞くことが大事です。政治家に対してのステレオタイプな悪いイメージも取りあえず脇に置いて、まず会って話してから判断しても遅くはありません。話す中で正しい情報と市民の気持ちを伝えてあげましょう。手始めに議会で多数を占めている会派の方々から質問してみてはどうでしょうか。万が一、つれない対応をされて落ち込んでもつまらないから、複数で行くと楽しいかも。相手は選挙民を愛してやまない人たちです。真摯な質問に対しては真摯な態度で答えるはずです。

▶▶ 奈良由貴

13 NGOってどんなところ？

NGO って何？

この数年、東チモールやアフガニスタンなどへの国際援助に関心が高まるにつれ、日本でもNGOという言葉をよく聞くようになりました。アフガニスタン復興会議へのNGO参加をめぐる政治家と外務省の対応は、鈴木宗男議員の汚職発覚にまで発展し、ずいぶんメディアでも取りあげられましたね。また、イラク攻撃を止めるための世界的な動きの中でも、NGOが各地で活躍していました。

そもそもNGOとは、英語のNon-Governmental Organizationの略で、「非政府組織」と訳されています。日本では「非営利組織」(NPO)と同義語のように使われる場合もありますが、NGOはさまざまな社会の課題に取り組む非政府・非営利の組織のことを指します。いいかえれば、政府や企業から独立した立場から、利潤の追求を目的とせずに、国境を越えた「公益」のために活動している人々の集まりといえるでしょう。戦争、人権侵害、環境破壊、難民、経済格差など、互いに深いつながりをもっているこれらの地球的課題の解決に、なんらかの形で参加したい、そう思い、集まった市民の「輪」の一つの形といえます。

「援助」とNGO

NGOの活動も、「国際援助」とよばれるものの一部なのでしょうか。そうだとすると、政府や国際機関による援助とどう違うのでしょう？

たとえば「ODA」とは政府による開発援助のことですが、この「開発援助」という言葉には、「お金持ちの国が、貧しい国を助ける」、「“開発が進んでいる”国が“遅れている”国の発展を促す」、といったニュアンスがあります。「援助をする側」と「される側」の力関係では、何が「開発」で何が「発展」かを、そこに住む人々自身ではなく、先進国の政府や国際機関が決めてしまうことがあります。そのため、援助が、そこに住む人々の暮らしをよくするどころか、かえって貧富の差を大きくし、生活を不安定にすることもあります。

また、援助はそれ自体が大きなビジネスにもなります。たとえばイラクでは、経済制裁で疲弊し、さらに新たな戦争で破壊されたインフラ設備や病院、石油施設などの復旧事業を、アメリカを筆頭にした先進国の企業がわれさきに受注しようと争っています。戦争をすると、軍需産業がもうかるだけではなく、「復興支援」の名のもとに巨額のお金が動くのです。もっと以前から人々の状況を改善する努力はできたし、多くの人を殺した戦争も避けられたはずなのに、今回のイラクの戦争と復興をめぐる駆け引きでも、人の命よりも「いかにもうけるか」ということが優先されているのです。

じつは私たち先進国の政策が、戦争や、貧富の格差の拡大、環境破壊などの問題と深く関係しています。ですから、NGOが「援助」の担い手として各々の専門分野で活動するだけではなく、政府や企業から自立した市民の立場から、こういった問題の構造そのものが変わるよう、働きかけていくことが大事なのです。もし、NGOが先進国政府自体の問題に取り組まないとしたら、その役割や位置づけも、政府の進める「戦争ビジネス→戦後の復興ビジネス」の流れにのみ込まれてしまいます。ですからNGOはこうした市民の視点から、国際援助そのもののあり方を問う必要があると思います。

「共感」「気づき」がキーワード

NGOも場合によっては「援助する側、される側」の力の不平等を生んでしまうことがあります。「自分たちが優れている」とか「自分たちが正しい」という態度が、活動を一方的な価値観の押しつけにしてしまうこともあるかもしれません。大事なことは、NGOという形態ではなく、自分と他人、自分と社会を結びつける「共感」を、そこにかかわる人が見出し、それを社会に広めていくことではないでしょうか。それが金銭的な利潤や狭い意味での「国益」を越え、共通の目標に向かって他人と協力していくことにつながっていくのです。人と人が共感によって対等な関係を築ければ、問題について見えてくることや学ぶこともずいぶんと変わってきますし、興味をもって参加する人の輪も次第に広がっていくはずです。

ところで、「アフリカの紛争」という言葉を聞くと、どんな原因が思い浮かびますか？　もちろん、地域の政治や民族の問題など、さまざまな要因が複雑にからんでいるのは事実です。しかしそれと同時に、アフリカで起こる紛争には、日本の資源輸入も深くかかわっているのです。日本が世界で2番目に輸入しているとされるダイアモンドや、コルタンという鉱物（携帯電話やコンピューターの部品として使われる）などの貴重な資源をめぐって、紛争が泥沼化していたりするのです。地元の権力者や武装勢力を仲介して、最終的には貴重な資源が先進国企業の商品となっていることを考えれば、遠く離れた私たち日本の消費者も無関係ではありません。このことを知れば、遠くで起こっている紛争が、「彼らの問題」ではなく、「自分たちの問題」でもあったことに気づくはずです。世界の問題が自分の足元の問題としても見えるという「気づき」があれば、次に何をしたらよいのかが、もっと明確になるはずです。

でも、たとえばダイアモンドや携帯電話がアフリカの紛争とどう関係しているか、というのは、だれかに教えてもらわなければ知りえないことです。ですから、一人でも多くの人にそれを知ってもらうのも、NGOの大きな役割になります。問題を知らなければ、紛争当事者を経由して原料を購入している会社の商品を買わない、といったキャンペーン運動も不可能なのですから。

一人ひとりがNGOのサポーター

日本にも、環境問題や福祉に、また人権擁護や人道支援、農村開発やODA改革などにと活動するNGOがたくさんあります。国際活動に限ってみても、アジアに限らず、アフリカ、中東、中南米など、世界各地で活動していますし、日本国内で難民認定を受けられない人々の支援活動をしている団体もあります。その多様な活動の中から、自分が興味をもっているNGOを探してみて、まずはお手伝いからはじめてみませんか？　少しずつ人の輪が広がって、自分のかかわりも深まるかもしれません。もし事務所の仕事やイベントを手伝ったりする時間がなければ、団体の会員になったり、募金をしたり、または団体がやっていることを友人や知人に教えることでも立派なサポーターです。

NGOの魅力は、かかわっている一人ひとりが活かされる場であるということです。ですから、かかわりのあるNGOに疑問に思ったことや提言を投げかけてみるというのも、大事な参加の形です。ちょっと楽観的かもしれませんが、NGOの活動を通して多くの人の思いと行動がもっともっとつながっていけば、少しずつ戦争をしなくてもすむような世界が実現していくのではないでしょうか。

▶▶ 田村祐子

14 自分の可能性をみてみよう

やっぱり何かしなくちゃ

2001 年の 9 月 11 日、ワールドトレードセンターに 2 機の飛行機が突っ込み、そしてビルが倒壊していく映像を見て「何かしなくちゃ」と思った方はけっして少なくないはず。そして、攻撃を仕掛ける理由を二転三転させ、国連で採択することなくアメリカとイギリスはイラクへの空爆に踏み切りました。日本政府がアメリカを積極的に支持したことも、根拠とされた大量破壊兵器がみつからないこともご存じのとおり。この本を読んでいるあなたも各地で開催されたデモやピースウォークに参加したかもしれませんね。

戦争を止められなかったことは悔しいし、とても残念です。しかしあきらめる必要はありません。次に戦争が起こされそうになったとき、それを止めるのはあなたかもしれないのです。

戦争について自分から直接伝えよう

ちょっと振り返ってみましょう。自分の周囲は戦争に賛成でしたか、それとも反対でしたか？「戦争はできればするべきじゃないけど、仕方ないよ」、そんな意見も少なくなかったのでは。話題にあげることすらはばかられる雰囲気があったかもしれません。「ウチは不景気でたいへんなんだ。まずは自分の生活を守ることが大切だ」と、話し出したとたんに怒られたこともあったりして。じつは戦争を起こさない社会をつくっていくためには、そうした場面の一つひとつに丁寧に接していくことがとても大切なのです。デモに参加するよりも、インターネットで発言するよりも大切なことなのかもしれないのです。

関心がある人はデモや集会、学習会などの機会をみつけ進んで参加するでしょう。しかし、関心がない人や本当は関心があるのに表面的に無関心を装っている人、「仕方ないんだよ」といっている人は、そうした機会にまず参加しないのではないでしょうか。ある程度関心をもってみていると、戦争を仕掛ける側の利権の獲得など、何らかの政治的意図があることを理解することはさして難しいことではありません。裏づけとなる情報はインターネット上を飛び交ったり、出版されたりしますし、犠牲になる人たちの姿や声も伝えられます。しかし、どれだけ大切な情報が書かれていたとしても、読まれなければ存在しないも同然です。自分から直接伝えていかなければ、多くの人々には伝わらないのです。

自信満々に主張する戦争賛成派

戦争を仕掛ける側はこうした世間の状態をよく理解しています。たとえば日本政府は、イラク攻撃を容認する法的根拠として、武力行使を含まず大量破壊兵器の査察を求めた国連安全保障理事会の1441決議を主張し、湾岸戦争に踏み切る際に採択された678決議とその停戦を定めた687決議をもち出してきました。「この判断を正当化できる学者がいるのだろうか？」と世界の国際法学者がいうほど強引な解釈だったのですが、日本の政治家や彼らを擁護する評論家は、それをわかった上で自信をにじませつつ正当性を主張しました。北朝鮮の脅威についても、戦闘機に積む燃料すらろくにないことを彼らはよく知っています。戦争遂行能力がないことを熟知した上で「脅威に備えようとしない者は無責任だ！」とくり返すのです。

小泉首相の高い支持率と300万票という石原都知事の得票の背景はここ

にあります。人々が十分判断できていないことをよく見抜いた上で、キャッチーなセリフを選んで発言するのです。いつの間にか戦争に反対する者こそが無責任で、命を賭して戦おうとする者が尊いということにされてしまいます。恐怖をあおり、人々が冷静になる前に、自信をもって主張し続けるのです。

変えていけるのは私たち

さいわいなことに20歳を越えれば私たちは選挙権をもつことができます。戦争を支持しない政治家を選ぶことができるのです。この権利を行使できるのはあなたであり、私であり、あなたの周囲の人たちなのです。政策の分析や議員へのロビイング（政治的働きかけ）ももちろん大切ですが、それ以上に、自分の周囲に直接伝えていくことが効果的です。そして、ぜひ選挙を棄権しないように働きかけてみてください。イラク攻撃がはじまる2日前、2003年3月18日の時点で、日本の地方517議会、都道府県26議会が攻撃反対決議を上げていました。この成果は注目に値します。国会では戦争支持議員が今のところ優勢ですが、彼らとて地方から選出されるのですから、自分の票田の世論には敏感なのです。一人ひとりが自分の周囲に目を向け、投票行動を変えていくことで、必ず国会にも影響を与えることができるのです。

また、まだまだ日本には「市民運動」は自分とは違う特定の人がやるもの、という感覚があるように思えます。自分と違う世界に住む「だれか」ではなく、自分の隣にいる「友人、家族」に自ら語っていくこと、伝えていくことが、結果として広い層の人々に変化を起こしていくことになるのではないでしょうか。何もデモだけが戦争に反対する意志表示手段ではありません。アートやライブ、写真展、トークイベントなど自分の得意分野を生かして自らの「非戦」の考え方を表現してみませんか。いえ、それほど大上段に構えなくても隣の人と何かのときに語り合うことだって十分対話になるでしょう。「戦争反対！」を無理強いすることよりも、相手の考えを尊重し、自分がそう考えるにいたった背景を率直に伝えてみてはどうでしょう。

自分の世界を広げつつ、自分にできることをやってみよう！

9・11 直後にインターネットを活用して立ち上がった「CHANCE！」(平和を創る人々のネットワーク)では、ピースウォークというだれでも意思を表現できる場を設け、渋谷・原宿の街を歩いてきました。ネット上のメーリングリストでも「気軽に発言できる場づくり」にこだわってきました。まずは発言する、表現するという行為を通じて、自らの問題意識が深まっていきます。また、語り合うほどに気持ちも鍛えられていきます。集った人たちと議論を交わし自発的に行動をしていくことが、民主主義の実践そのものであり、学びになります。

匿名でも参加できるインターネットは、参加の敷居を下げる効果もあります。名前を明かし行動するとなるとそれなりに覚悟がいりますが、ネット上の活動には気軽に参加することができます。まずはそこでどのような議論が交わされているのか、読んでみることからはじめてみてはどうでしょう。自分の周囲では戦争について語り合えないという方も少なくないはず。下手に本音をいってしまい人間関係が気まずくなっていたり……。そんなとき、ネット上で自分の体験を発言してみると、同じような体験をした人からアドバイスを受けられることもあります。ネットには自分に提供できるスキルを互いに出し合い共有するという雰囲気があるので、意外なほどにサポートを受けられることも多いのです（だからといってネットにはまり過ぎないよう要注意！）。政治や社会のしくみを学ぶことで、自然と自分の周囲にこそ変えていくべき環境があることがわかるはずです。

一見、小さな対話であったとしても、そうした語り合いが日本の各地、世界各地でおこなわれるとしたらどうでしょう？　着実に変化が起きていきます。私たちには未来を自らの手で決めていくことができるし、もちろん戦争を止めることもできるのです。少しリラックスした気持ちで自分にできることをやってみましょう。

▶▶ 小林一朗

15 自分の思いを表現しよう

「知る権利」と「表現の自由」

日本の憲法上、「知る権利」は明記されていると思いますか？　じつはどこにも書かれていないのです。ではなぜ憲法上で「知る権利」は護られるのでしょうか。それは憲法第21条の「表現の自由」という条文に隠されているのです。表現するためには、表現される内容がなければならない、その内容をつくり出すには情報が公開されていなければできない、したがって、「表現の自由」の反対解釈として「知る権利」が認められるのです。しかし私たちは知ることには熱心ですが、それを表現することにはあまり熱心ではありません。「自分がわかっている」だけで満足してしまっていいのでしょうか。

私たちの周囲には、問題をとても詳しく理解している人がいます。聞かれると適切に解説してくれますし、それなりの意見ももっていたりします。ところがそうした人たちが、なぜか日本では自分から意見を表明しようとしないのです。匿名のアンケートとかなら答えるかもしれませんが、自分から表明することはしません。もちろん日本では謙譲や慎ましさが美徳に数えられますし、「出る釘は打たれる」社会でリスクを背負うこともないのかもしれません。しかしこれでは「宝の持ち腐れ」です。

「教養」主義が邪魔をする？

それは、「教養」という言葉のせいもあるかもしれません。「あの人は教養がある」というのはほめ言葉ですし、「教養」はひけらかすものではないし、こっそりと鍛錬しておくものです。たしかに「以心伝心」のような均一社会ではそれも役立ったのかもしれないのですが、このマスコミが世論をつくり出していく時代にはかえって危険になりかねません。つまり以心伝心が困難な時代である以上、意志を表明しなければ外の人に伝わらないのです。今の時代から「教養」というものを見ると、これはアウトプットしないインプットということになってしまいます。せっせと詰め込みながら、人に伝わらないのです。「インプットはするけれど、アウトプットされない知識」は結局、存在しないに等しいのです。

そしてもう一つ、表明されない意見はひ弱になります。意地になる必要はないのですが、表明してしまった意見は維持するなり、補強するなりしなければなりません。共有できる仲間も必要ですし、ときには論議すら必要になります。ところが自分の内に秘めた意見は、出さないまま相手によって変えることも、忘れることもできてしまいます。そのため変わり身の早い、マスコミに引きずられた信念のない意見が多数派になったりするのです。

「アウトプット」するための知識を

しかしせっかく得た体験や知識を詰め込んだままにして、アウトプットしないことはもったいないことです。アウトプットしない意見は存在しないも同然ですから、その人が生きたことの証すら失いかねません。「ここでいおう」と思っても、アウトプットし慣れていない意見は表現として未熟で、未整理なものとなりがちです。それに対しアウトプットを前提にすると、インプットそのものも形が変わります。

たとえばあなたが外国に行って写真を撮ってきたとしましょう。その写真を他の人に知らせるために撮るならば、おのずから対象もアングルも変わるのです。以前、友人がシベリア鉄道に乗ったときの写真を私に見せてくれたのですが、不思議なことに「小さな小屋」とか「駅」とかが延々と写っているのです。「なんでこんなの撮ったの？」と友人に聞くと、「あとの風景は延々と地平線が続くだけだから撮らなかった」というのです。人に見せるためなら、その当たり前の風景を写真に撮らなくてはならなかったはずです。アウトプットすることを前提にすると、写真の撮り方も学び方もすべて変わっていくのです。ただの「小屋の写真」では、シベリアの広大な風景は伝わらないのですから。

いっそ「インプットとアウトプットの量」を同じにしてはどうでしょう。アウトプットするために学び、自分なりに考え、表現していくのです。今の日本社会では、自己表現する機会が極端に不足しているため、なかなかうまく相手に伝えられません。私たちが二度と戦争をさせたくない、人を大切にしない社会はいやだと伝えたいとき、私たちはその表現の難しさ

▶高校生たちが、顔にシールを貼ったり、腕に「NO WAR」と書いたり、平和への思いをめいいっぱいアピール。「平和のルールをとりもどし、二度と戦争のおこらない世紀に！ アメリカの無法な戦争に日本が参戦、協力するなんて許さない！」平和の声を発しつづけている。
（写真／全国高校生平和大集会実行委員会HP「http://www.geocities.co.jp/HiTeens/2859/」）

に呆然としてしまうのです。しかしフィリピンでは、社会運動は音楽と一緒にやっています。マレーシアでは劇と一緒です。「ゲルニカ」という絵はピカソなりの反戦の表明でしたし、それは多くの人に伝わりました。芸術はメディアでもあるわけですから、芸術という皿に盛られるものは意志表示であってもいいのです。

もっと自由に自分の意志を表現しよう

ではこの日本でそれにあたるメディアは何でしょう？　私はマンガだと思います。マンガはドラマや映画、アニメの原作として大きな位置を占めています。こうしたストーリー性の高いマンガという文化は、じつは世界でも他に例のない日本だけのものなのです。これを利用できないでしょうか。私たちはもっと自由に発想して、自分の意志をアウトプットすべきではないかと思うのです。

さて、あなたは何を表現したいでしょうか。表現の手段は伝えたい内容と、あなた自身の個性によって決まっていきます。表現することを前提にすると、ものの見方、感じ方も大きく変わっていきます。受け取るだけでは表現できないため、自分なりの受けとめ方、自分なりの考え方をせざるを得なくなるからです。そうなると「学ぶこと」は受動的なものではなく、自発的に自分から探し出す「探偵」のような作業になります。私にはこれが面白くて仕方ないのです。学校が嫌いだった私が、これほど学ぶことが好きになるとは思いもよりませんでした。表現すること、それは自分の存在を確認できる得がたい機会です。自分なりの方法で、人に自分の意志を伝えていきましょう！

▶▶ 田中 優

ニュージーランドの軍隊

「隣の国が攻めてくるかもわからない。ならば、先に敵を攻撃できる能力をもったほうがいい」――こんな議論が、テレビでも国会でも、最近増えています。「日本は世界からみて遅れている」という人もいます。でも、「世界」といっても、いろいろあるはず。

たとえば、旅行先として日本人に人気の高いニュージーランドの場合をみてみましょう。近年、ニュージーランドでは、軍隊のあり方の見直しと転換がすすんでいます。

ニュージーランド政府は、防衛政策の基本的な枠組みを示した文書を、2000年6月に発表しています。それにはまず、「安全保障」とは、外交や、軍縮や、環境や、開発などに幅広く取り組む中でつくられるものだ、との考え方が書かれています。軍隊だけで安全を守るのではない、軍隊の役割は全体の一部だ、というわけです。

そのうえで、軍隊については、攻撃能力は減らして、国連の平和維持活動（PKO）に重点を置く、という方向をとっています。

たとえば、空軍から戦闘機をなくしました。戦闘機というのは、敵を攻撃することを目的にする航空機です。防衛のためだけなら、戦闘機はいらないとニュージーランドは考えたわけです。そのかわり、パトロールを目的とする偵察機や輸送機で、空軍を編成するようにしたのでした。

この動きをすすめているのは、1999年からのヘレン・クラーク首相（女性）率いる労働党連立政権です。その前の政権は、空軍の戦闘機が古くなってきたのに伴い、新しい戦闘機を導入しようと考えてきました。しかし、クラーク新政権は、新しい戦闘機の導入計画を撤回しました。そして、古い戦闘機は、2001年末についに退役したのでした。

ニュージーランドは、伝統的な「非核政策」でも知られています。「軍縮大臣」がいて、国連で核兵器廃絶に向けた具体的な提案を盛り込んだ文書や決議案を多数提出しています。

さて、日本はどうか。「専守防衛」（＝「守るだけ、攻めない」）のはずの航空自衛隊は、戦闘機を300機ほどもっています。また、「非核」のはずの日本は、ニュージーランドなどが国連に提案している核廃絶の決議案を「現実的でない」といって、賛成票を投じることを拒み続けています。

（川崎哲）

3章

暮らしをちょっと変えてみよう

16 買い物で意志表示しよう

買い物は「総合評価」

なぜだかよくわからないけれど、モノを買うのは快感です。へたすると中毒になりそうなくらい。買うときには値段やデザイン、性能やデータなど、けっこうあれこれ考えて判断します。まるで「総合評価」です。「失敗しない××選び」という企画がいつも雑誌をにぎわすくらい、そのウンチクも面白い。「へぇー、そんな選び方があったんだ」と感心したりします。

買い物で思いを伝えよう

いっぽう作った側から見ると、売れるということは支持されていることであり、売れなければ支持されなかったことになります。売れている限りは問題がなく、売れなければ何らかの対策をしなければならないことになります。ところが売れている商品の中にも、じつは大きな問題を抱えているものがたくさんあります。

たとえばめちゃくちゃな環境破壊をしていたり、採取が禁止されているものを使っていたり、働く人をこき使っていたり、戦争でもうけたり、応援していたりするような……。でも困ったことに、「売れる」限りその商品は支持されているのだから、方針を変えることもありません。もし私たちが本気で生活の中から方針を変えさせたいと思うんだったら、やっぱり「支持しない」というアピールをしていかなくてはなりません。
「不買運動」に近いのかもしれません。だけど「不買運動」っていうのは攻撃的な感じがして好きになれません。しかも買わなきゃなんない品だったり、自分が働いている会社と関係あったりすると、こうした敵対関係にはなりにくいものです。しかしそれでも「御社の姿勢は支持できません」と伝えたいのです。そこで別な形の意志表示を考えます。たとえば「遅買運動」というのはどうでしょう。「御社の商品に不満はありません。がしかし、御社が戦争を支え、支持していることは許せません。そのため御社が戦争支持を撤回するまで、商品買い替えを断念します」というような。
その点ではブッシュ大統領が選ばれる過程で多額に献金していた企業であるとか、戦争をはじめてからも献金し続ける企業とかには、やっぱりそれくらい伝えておきたいと思います。そうしないと買い物を通じて、「御社の戦争支持を支持します」と伝えてしまうことになりかねないのですから。

「商品憲法」を生きている人のために

その点で感心するのがカタログハウス社の「通販生活」です。環境面での負担を少なくするために、商品選択の基本となる「商品憲法」を定めています。そこではダイオキシンや温暖化、熱帯林破壊の問題から、「こうした商品は売らない」と決めています。
たとえば冷蔵庫も早くからスウェーデン製のノンフロン冷蔵庫を取り扱っていたし、南洋材産出7カ国の自然林からの木材を使わないことにしています。それを実行させるために、同社はメーカーに対して「環境負荷調査票」の提出を要求します。販売の世界で「お客様は神様」といわれていますが、メーカーも「仏様」ぐらいに強いのです。その勢力分布図を塗り替える力は、「通販生活」が100万部以上売れるという人々の支持にあるのです。
これを戦争をさせない力にも使いたいのです。私はそもそも環境問題で活動していますが、その究極の結論は、地域の人たちが自分たちで環境を守れるようにしていくことだと思っています。

まず、人が大切にされなければ、環境どころの話にならないのです。だから戦争を許して、環境を問題にするというのは矛盾だと思うのです。考えてみてください。爆撃で家も焼かれて難民生活している人がビニールシートの傍らで暖を取っているときに、「その材木を燃やさないでくれませんか？　貴重な種類の木なんです」といったらどう思うでしょうか。貴重な種類の木を守るためには、それ以上にそこに住んでいる人たちを大切にできなければ無理だと思うのです。だから文字通り人を虫けらのように殺していく戦争は、認めてはならないことです。

ブッシュ大統領への多額献金企業

ＶＩＳＡカードで有名な米国第３位のクレジットカード会社	MBNA Corp	$240,675
法律事務所	Vinson & Elkins	$202,850
証券会社	クレディスイス・ファーストボストン	$191,400
監査と税理サービス、コンサルタント	Ernst & Young	$179,949
経営破たんした米エネルギー大手エンロンを監査していた会計事務所	アンダーセン	$145,650
証券・投資信託・投資顧問会社	モルガンスタンレー	$144,900
証券・投資信託・投資顧問会社	メリルリンチ	$132,425
法律事務所、コンサルタント	PricewaterhouseCoopers	$127,798
法律事務所、コンサルタント	Baker & Botts	$116,121
総合金融会社	シティーグループ	$114,300
投資金融会社	ゴールドマン・サックス	$113,999
破綻した総合エネルギー会社	エンロン	$113,800
銀行	バンクオブアメリカ	$112,500
世界最大のコンサルティング会計事務所	KPMG LLP	$107,744
大手法律事務所	Jenkens & Gilchrist	$105,450
レンタカー北米最大手	エンタープライズ	$97,498
テキサス州	テキサス州	$87,254
金融保険サービス大手（現在はAIG）	アメリカンゼネラル	$84,134
米国における代表的な会計事務所	Deloitte & Touche	$81,600
金融サービス	AXA Financial	$79,725

※ピースチョイス連絡会「http://www.3chan.net/~peacechoice/targ/products.htm」より

フェアトレードという買い物のオルタナティブを

さて、「通販生活」が実現している「商品憲法」は、それを買う人たちの力によって支えられています。つまり買い物は「投票」の類似行動なのです。だとしたら「買い物の総合評価」に、戦争をしないこと、させないことを加えましょう。買い物のウンチクのバリエーションに、「企業の人権感覚」とかも付け加えたいのです。「人権」というと堅苦しく聞こえるけれど、ようは人を大切にしているかどうかの問題です。人を大切にする企業を増やしていかなければ、いずれ自分も大切にされなくなるのです。

こうした買い物を通じた意志表示に、もう一つ「フェアトレード」というものがあります。直訳すれば「公平な貿易」、つまり相手が貧しいからといって買い叩いたり、劣悪な労働を押しつけたりしない貿易です。これはヨーロッパで途上国の人たちを支援する活動の中から広がり、今では商品によって全体の数%を占めていたり、普通のデパートにまで広がっていたりする活動になっています。日本でもいくつかの団体が、バナナやエビなどの食料品や、服や生活雑貨に至るまでを販売しています。中でも、貿易の問題点を提起しているNGO「グローバルビレッジ」は、たんなる倫理観からのフェアトレードを超えて、環境破壊をせず、有害物質を使わず、デザイン的にも他の商品に勝るとも劣らないレベルをめざしています。

こうした商品を支持することが、戦争をさせない世界を実現することにつながります。「買い物なんてたいしたことじゃないさ」、なんていわず、ここから自分の意志を表現しましょう。それはもしかしたら、とても大きなことかもしれないのです。

▶▶田中　優

[参考] 通販生活、グローバルビレッジ
http://www.cataloghouse.co.jp/kankyo/kankyo.html
http://www.globalvillage.or.jp/

17 貯蓄する先を選ぼう

預金は金庫に眠らない

銀行に預金をすると預金通帳がもらえます。たとえば1万円預けたとしましょう。預金通帳には1万円の残高が記載されます。しばらくするとわずかですが、利息がついてきます。今の低金利では1円ぐらいしかつきませんが、預金通帳にはしっかりと記載されます。預けた1万円はどこにいったのでしょうか。1円の利息はどこから出てくるのでしょうか。いくらににらめっこしても預金通帳は何も語ってはくれません。

おカネはどう流れるの

まず金融のしくみを簡単に確認してみましょう。銀行に預けられたお金の行き先は大きく2つ、融資と証券投資に分かれます。証券投資とは、お金が必要な企業や政府が発行した債券などを購入することですが、融資の変形と考えてもかまいません。いずれにせよ、銀行に預けられたお金は最終的にそれを利用する企業、政府、個人などに貸し出されることとなります。

銀行からお金を借りた企業は、そのお金を元手にして工場を建設したり、商品を製造します。商品の売上を原資として、企業は銀行に借金を返済します。その際には利息を付けて返済することとなりますが、その利息が預金金利の源となります。身の回りにあるさまざまな商品も、預金を原資として作られたものだと考えてください。商品を購入するときに支払った代金が預金の利息の源となっているのです。

債券という形を通して銀行からお金を借りた国や自治体は、そのお金を元手にして道路などを作ります。道路を走るときには、銀行に預けた預金の一部が使われていると考えてください。車を買ったり、ガソリンを買ったりすると税金を支払うこととなりますが、その税金を原資として国や自治体は借金を返済します。そのときに支払った税金が預金の利息の源となっているのです。

銀行からお金を借りた個人は、それを住宅の購入資金に当てます。街中にある住宅の大部分は銀行預金が使われていると考えてください。個人は毎月の収入から住宅ローンを返済しますが、それが預金の利息の源となっています。

おカネがつくり出す社会

このように考えてくると身の回りにある物の大部分は、銀行に預けた預金が原資となって作られていることに気づきます。じつは戦争も例外ではありません。戦争に必要な飛行機、戦車、銃弾などを作るためにも、銀行預金は使われている可能性があります。最終的にはすべて税金などで負担するのですが、戦争で緊急にお金が必要になったときには、いったんどこかから借りてきて後で税金で負担することとなります。

太平洋戦争の際には、国債発行による資金調達、増税などさまざまな工夫を凝らしましたが、最後は国債の日本銀行引受へと流れ込んでいきました。ようするに、紙幣を大量に刷り増しして戦費を調達したのです。紙幣が大量に出回ったため、戦争終了後には、急激なインフレが発生し、紙幣や銀行預金などの価値がほとんどなくなってしまいました。資産価値の減少という形で、間接的に国民が負担することになりました。

戦争と私たちの預金

9·11以降、イラク戦争の準備のためにアメリカ政府は大量のアメリカ国債を発行しました。2002年6月に議会の承認を得て、国債発行枠の上限を5兆9500億ドルから6兆4000億ドルへと引き上げ、イラク戦争に備えました。イラク戦争のための直接的な戦費は10兆円程度といわれていますが、国債発行枠の引き上げ分がすべてイラク戦争のために使われるとすれば、50兆円程度の戦費が必要だったことになります。

大量のアメリカ国債は国内だけでは消化することができず、2002年には海外が1500億ドルを購入しました。うち440億ドル（約5兆円）は日本からの購入となっています。4兆円は日本政府が為替介入として購入した分で、残りは民間からということになります。日本政府が為替介入をおこなうときには政府短期証券を発行し、日本銀行が全額引き受けます。この1年間の為替介入は4兆円でしたが、一般の銀行から日本銀行に対する当座預金もちょうど4兆円増加しています。数字だけ見ると、銀行から日本銀行へ4兆円流れ、それを原資として日本銀行が政府短期証券を引き受け、それを財源として日本政府が為替介入をおこない、アメリカ国債を購入したという流れになります。

5兆円から4兆円を引いた残りの1兆円についても分析してみましょう。この間の日本全体の対外債券投資（アメリカ国債のみならず外国の債券全体。為替介入分をのぞく）が9兆円ですが、投資家別に見ると銀行が10兆円の買い越しで、銀行以外で1兆円の売り越しとなっています。民間での1兆円のアメリカ国債の購入資金はマクロ的には銀行に源があると考えて差し支えないのではないでしょうか。

自分の預金を気にしてみよう

それではどこの銀行に預けるのが良いのでしょうか。銀行が預金として預かったお金の使い道については、必ずしも明らかにはされていませんが、銀行法により「ディスクロージャー誌」の作成が義務付けられています。ホームページでも公開されていますが、銀行の店舗に備え置くこととなっているので、銀行の店舗でも見せてもらえるはずです。数十ページ程度の分厚いもので素人には必ずしもわかりやすいものではありませんが、内容を確認してみましょう。

気になる銀行の「ディスクロージャー誌」を手に入れたら、まず預金残高を確認してください。最初の概要のページに記載されているはずですが、見つからなければ「財務諸表」のページで確認できます。次に「証券」に関するページを見てください。外国債券の残高が出ています。預金のうち何%が外国証券に投資されているかを計算してみてください。この比率が高い場合には、預金がイラク戦争の準備に使われている可能性は高いこととなります。ちなみにホームページでいくつかの銀行について調べてみたところ、2%から6%程度でした。

なお、せっかく「ディスクロージャー誌」を入手したのですから、不良債権の状況などについても確認してみましょう。また、融資先の業態や個人融資比率なども記載されています。それらを総合的に評価して預ける先を考えてみましょう。また、貯蓄する先は銀行だけではありません。自分の応援する会社の株式を買ってもかまいません。幅広い観点から考えてみてはいかがでしょうか。

だれが戦争を止められる？

さて、あなたの預けたお金がどこに流れ、どこで使われているのか、イメージしてみましょう。あなたの預けたお金がイラク戦争で使われているかもしれません。イラク戦争を支えているのはあなたかもしれません。

あなたの預けたお金が爆弾となって、バグダットの空からイラクの市民に襲いかかっている、かもしれない。

あなたの預けたお金が戦車となってイラクの国土を蹂躙《じゅうりん》している、かもしれない。

あなたの預けたお金が銃弾となってイラクの子どもたちの胸を貫通している、かもしれない。

あなたの預金が○○○○○、かもしれない。

いま、戦争を止められるのは、「あなた」かもしれない。

▶▶ 木村瑞穂

18 お気に入りの国債を買ってみる

戦争はアメリカの「公共事業」

アメリカにとって戦争は「公共事業」です。私たちの預金がむだな公共事業を通じて環境破壊や人権侵害に使われているように、アメリカは戦争を準備するために膨大な資金を用いています。日本の実質国家予算より大きな額を、軍事予算単独に支出しているのです。そして日本の地方で公共事業が唯一の雇用先になってしまうように、アメリカでは軍需産業がつねに労働者の5%以上を雇用しています。こうなると日本で公共事業がやめられないように、アメリカでも軍需産業という巨大産業を失わせることが困難になります。そして「だから公共事業が必要なんだ」といわせるのと同じ方法で「戦争」が招かれ、「公共事業によって技術が向上するのだ」といわせるのと同じ方法で次々と新たな「武器が開発」がされるのです。その証拠に、イラク戦争の口実だったテロリスト支援の事実や、大量破壊兵器が見つからないにもかかわらず、それが問題にされないのです。そのかわり、不必要に殺傷力の強い兵器が見本市のように使われました。

兵器とステータスをカネに変えるしくみ

この軍需産業を利用して、投資という形で利益を得ている投資会社も存在します。カーライルという会社です。しかし兵器を買うのは一般の消費者ではありません。つねに兵器を買うのは「国家」に限られているのです。そこで国家に対して大きな影響力をもつ元政治家がカーライル・グループの顧問となり、各国首脳に働きかけて武器を買わせるしくみが開発されました。その主要な一人がアメリカ元CIA（アメリカ中央情報局）長官であり、元大統領、そして現在の大統領の父であるブッシュです。彼がカーライル・グループのアジア地域顧問となり、特定の軍需企業の武器を売ることで株価を上げ、間接的に利益を得ることを実現しているのです。

またアメリカ政府自身が買うことも大きな利益につながります。実際にユナイテッドディフェンス社という軍需企業の作った「クルセイダー」という名の巨大な大砲は、専門家からは巨大すぎて実戦に使えず、「冷戦時代の遺物」と呼ばれていたにもかかわらず、なぜかアメリカ政府によって購入され、予想外な株価の上昇を作って投資家の懐を潤しました。このときの購入者がブッシュ大統領で、その利益を得たのがブッシュの父であることは、非常にわかりやすく現実を示しているのではないでしょうか。

未来は預貯金の使いよう

このような資金に私たちの貯蓄が使われます。私もかつて、いかに金利を稼ぐかというような本を読んだことがあります。そのときは、それがどんな影響を及ぼすかなどとは考えませんでした。ただ私が考えたのは「金利収益を高くすること」だけでした。しかしそれは私の思っている社会の実現を遠ざけてしまっていたのです。

私たちは口で賛成・反対をいいます。しかし同時に私たちは自らの貯蓄をもって賛成・反対を意志表示していたのです。農業自由化に反対する農協を信頼して農家の人が貯蓄をしたとします。しかし農協の資金は農林中央金庫に集められ、子会社の農林中金証券を通じて世界銀行の債券の購入に当てられます。その世界銀行は世界の農業貿易の自由化を促進する機関なのです。こうして私たちは、いつのまにか貯蓄を通じて意志とは反対のことをし、その結果「口でいう」よりはるかに効果のある、貯蓄で主張していたのです。「アメリカの戦争への資金提供」により、侵攻を実現させてしまっていたです。

日本の「侵略戦争」は郵便貯金によって遂行されました。今回のイラク戦争は銀行預金がアメリカ国債を通じて戦費を買い支えました。そう考えると、私たちが自分の預貯金に無関心でいることは、戦争をしたがる人たちに白紙委任状をつけて使わせているに等しいことなのです。

これを変えようという動きもあります。「社会的責任投資」(SRI)という運動で、自らの貯蓄によって企業の動きを変えさせようとするものです。また貧困な人たち自らが、生活を改善する小さな事業のために貯蓄する「マイクロクレジット」という運動もあります [注1]。日本以外の国では、エコバンクのように、人々が自分たちのめざす社会のために銀行をつくることは当たり前のことになっています。

またインフレの激しい国では地域通貨が自然発生的に生まれ、先進国では経済のグローバリゼーションに対抗して地域通貨が発行されています。このように新たな社会をめざす方法は、おカネの使い方にもあるのです。

私は友人たちと共に、環境・福祉・市民事業にだけ融資する、メンバーたちのためだけのマイクロクレジット「未来バンク」を設立しました。大方の予想を裏切ってついに設立10年目を迎え、資金規模も1億円を超え、融資実績も5億円に上ります。そのことは大きな波紋を呼び、今、各地に次々と新たな「未来バンク」をつくろうという活動を促しています。これ

貯蓄と実現する未来

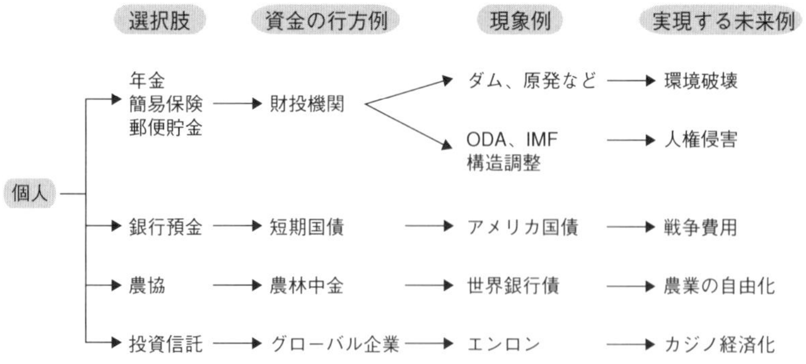

によって、以前ならできなかったNPOや市民の起業が促進され、新たな市民のノンプロフィットビジネスがはじめられようとしています。私たちはこのわずか20人、400万円の資金にはじまった小さな活動に、今や大きな手ごたえを感じています。

意志表示する貯蓄を

どうでしょうか、みなさんの貯蓄をみなさんの意志表示に使いませんか？　選び方の基準を自分なりのものにするのです。たとえば地方自治体の発行する「地方債」という債券があります。これを使って、支持できる施策を採っている自治体を選ぶという方法もあります。また、すばらしい省エネ製品を開発した企業の株を買い支えるという方法もあり得ます。こうして選んで支えることによって、支持する・しないをおカネを通じて表現することができるのです。

もっと国際的な方法もあります。アメリカがこれほどまでに強い位置をもち続けているのには、ドルが国際通貨であるという事情があります。アメリカはこれまで、たんにドル札を刷るだけで他国に安く商品を作らせて輸入させることができ、しかも代価は自国の金融市場にドルのまま流れ込ませるという、詐欺のようなしくみによって支えられてきたのです。実際、世界の他国のドル保有高は、「金本位制」だった1971年までの20年間には1.5倍にしか増えなかったのに、金との交換をやめ「ドル本位制」に変わってから現在までの30年ほどの間に、20倍も増えています。

これを支えたくないと思うのなら、ユーロを使うこともできます。しかもその外貨を使って、支持したい国の国債を買い支えることも可能です。私はドイツ国債をユーロ建てで買っていたのですが、それはいつの間にか値上がりしてしまいました。こうした意志の見える投資が、戦争を止めることにつながるのではないでしょうか。

▶▶ 田中　優

[注1] マイクロクレジット
貧しい人たちに少額の融資をおこない、彼らの経済的自立を促し、やがて彼らの貯蓄によって成り立つようにするしくみ。

19 ちょっと違った海外旅行をする

奪う航海から人と人が出会う航海へ

「大きな船はいつも、私たちに必要のないものを運んできました。武器であったり、異なる宗教であったり、また疫病であったり。ピースボートは、はじめて大きな船で、『平和』をここに運んできたのです」

これは、タヒチ先住民族のマオヒの男性が、ピースボートの寄港に際してスピーチしてくれた言葉です。

タヒチの国名は「フレンチ・ポリネシア」。観光地として名高い太平洋の「楽園」は、その土地をずっと守り続けてきたマオヒの人たちのものではなく、いまだにフランスの領土となっています。95年のフランスの核実験再開のニュースは世界の注目を集めましたが、その後も環境への影響が続いていること、そして何よりもマオヒの人たちの生活がフランスの都合で決まってしまうという事実は、すでに世界から忘れ去られてしまったかのようです。「タヒチにいま何が起こっているのか？」「タヒチに暮らす人々はどのような生活をしているのか？」その後、現地に飛んだスタッフが出会ったのは、観光客にとってタヒチは「楽園」でも、ずっとそこに暮らす人々にとっては「奪われた楽園」なのだ、という事実でした。

たしかに長い植民地としての年月の中で、タヒチの経済はフランスからの援助がなければ成り立たない状態になってしまいました。そんな中、そのマオヒの男性は、生活の権利を自分たちの手に取り戻そうと、自らNGOを立ち上げ、モノイ（ココナッツオイル）やパレオ（ポリネシア特有の美しい布）などタヒチの伝統産業を見直し、自分たちの力で経済的にも自立しようという試みをおこなっています。

「彼のようにタヒチの現実と向き合い、タヒチのことを一番大切に考え行動している人たちと出会える旅にしたい」と、ピースボートは97年1月、はじめてタヒチに寄港しました。遠い日本から来たピースボートの参加者はたんなる「楽園」としてのタヒチだけでなく、彼らの活動の現場を訪れ、ともに悲しんだり、笑ったりという時間を過ごしました。これまで自分たちの権利がいつも大国の利害に振り回される現実と孤独な闘いをしてきた彼は、「自分たちはタヒチアンとして、ここに存在しているんだ」という当たり前のことを、やっと感じることができたのでしょう。

世界とつながる旅、そして世界をつなげる旅

ピースボートは1983年からはじまった「国際交流の船旅」を企画するNGOです。大型客船をチャーターし、これまで2万人を越える参加者とともに100以上の世界中の港を回ってきました。年に数回おこなっている「地球一周の船旅」を中心に、年間2000人以上の人がピースボートに参加しています。

設立当初から変わらないのが、「行ってみなきゃわからない」ということ。「ニュースを鵜呑みにせず、疑ってかかれ」とよくいわれたりもしますが、その現場を知らなければ、それもまた難しい話です。だからそんなときは、やっぱり実際に行ってみるのが一番です。現場での出会いを通して、「遠い国で起こっている他人が抱える問題」だったものを、「友だちのいる国で起こっている身近な問題」として想像すること。これがまず平和を築くための第一歩だと思います。とくにピースボートが主に訪れるのは、発展途上国や紛争中の国です。罪もないのに、そこで貧困や暴力にさらされている人たちは、海外で自分たちの問題を発信し、自分たちの存在に気づいてほしいと考えています。しかし彼らのほとんどはそのためのお

金もなく、稼ぐことさえ難しい構造の中にいるのです。「世界から見捨てられた」という絶望の淵に立たされると、残された選択肢はテロや犯罪しかなくなってしまいます。

だから、その前に私たちの方から彼らに会いに行ってみましょう。遠い日本からお金を払ってでも自分たちに会いに来てくれる人がいる、自分たちは世界から忘れられていないと知ったとき、彼らにとってその喜びが勇気に変わり、私たちを通じて世界とつながっていくきっかけになるはずです。たしかに貧困や紛争などの問題は、それだけで一気に解決されるわけではありませんが、「出会うこと」それ自体も大きな平和活動なのです。

またピースボートは、その名の通り「ボート＝船」を移動手段として使います。飛行機で行く旅と違い（飛行機より省エネ！）、船内では毎日さまざまな企画をおこないます。訪れる国の状況や国際問題について紹介してくれる国内外からの専門家やジャーナリストによる講座に加え、議論や参加型ワークショップを通して自主的に学ぶプログラム、そして語学教室、ダンスレッスンなど、参加者はそれぞれ現地での滞在を実りあるものにするための企画に参加します。また「せっかく地球一周するならこんなことしたい」というアイデアを、参加者自身が企画・実行しています。中には船内で結婚式を挙げた人もいるぐらいです。現場を訪れた後の船内では、そこでの体験をきっかけに参加者自らがキャンペーンを立ち上げ、それは

▶現地の人々にとっても、ピースボートの寄港は貴重な国際交流の場となる。2000年ベトナム・ダナン。
（写真／ピースボート・牛島有）

帰国後や次の船旅へと続く募金活動、支援物資を届ける活動などへ展開してきています。

自分たちで創る船で未来へ

こういった企画を政府や大きな企業主導でおこなうと、どうしてもつくられた常識に基づくものになりがちです。政治や営利という制限に縛られない、市民によるもっと自由な船旅があっていいと思いませんか？　私たちは自由にやりたいから資金的にも独立し、非営利での運営を続けています。実際、「船旅で平和を創る」というこの企画に、年齢、性別、国籍、職業、障害のあるなしにかかわらず本当に多くの人が興味をもち、旅行代金を払って参加してくれています。旅行代金が割引になることもあって、全国の事務所には船旅の出発前から大勢のボランティア・スタッフが集まってきます。だれもが「自分ならこんなピースボートにしたい」と自ら企画を創っていくことで、面白いアイデアも生まれてくるのだと思います。ピースボートのモットーは「みんなが主役」。平和活動は一部の特別な人に任せるのではなく、一人ひとりが「やりたいからやる」からこそ継続する活動になり、お金を払ってでもやりたい活動になります。そうやって、だれもが日常の中で当たり前のように平和活動にかかわっていける文化を創ることができれば、戦争なんていらない、持続可能な社会になっていくのだと思います。

ちょっと違った世界と自分が出会い、つながるとき、他人と違うことを恐れ、ひたすら力で押さえつけられてきた時代の中に、ちょっと違った未来の可能性が見えてくるでしょう。

▶▶ 合田茂広

20 自然のエネルギーで暮らそう

石油のために血を流す

環境保護団体のグリーンピースは反戦運動の中で、「ノーブラッド、フォーオイル（石油のために血を流すな）」というキャンペーンをしていました。実際、イラクへの一方的な攻撃が終わると、アメリカは他国の意見も聞かず、さっさと自国の企業にイラクの石油利権を与えてしまいました。あからさますぎると人々は逆に、「この攻撃には石油以外の理由があるのではないか」と勘ぐりたくなります。しかし現実の戦争にはつねに経済的動機があるのです。戦争を肯定するための美しい正義の言葉や、雄々しく立派な動機が語られたりしますが、終えてみれば戦争には利益があります。

石油価格の決定権を失いかけたアメリカ

オイルショックが終わって以来、石油はカネさえ出せばどこからでも買える普通の商品でした。だから石油は、「石油利権」というような、独占を必要とする商品ではなくなっていたのです。しかしその後中国が経済発展し、エネルギー自給ができなくなって事情が変わります。中国は足りない部分を補うため、他国の油田開発に乗り出すようになったのです。しかし中国が開発した油田には、他には見られない特徴がありました。それは「他の国には販売しない」ということです。中国は自国のためだけに開発したのです。これは他国にとって脅威でした。

いっぽう、アメリカの石油メジャーは、たしかにオイルショックの時代に利権を産油国に譲ったのですが、石油の国際価格の決定権だけは譲っていませんでした。サウジアラビアと協働して、代替エネルギー（太陽や風力、バイオマスなどの自然エネルギー）が有利になってしまうほど高くならないように、石油価格を維持してきたのです。ところがサウジアラビアは政情が不安定で、油田の開発に資金を投入するにはリスクが高すぎました。そのため施設が老朽化し、長く使える油井が少なくなってしまいました。またアメリカは、ベネズエラに増産させることでも価格を調整していました。ところが 1999 年、ベネズエラにチャベス大統領が選出されると、アメリカの指示に背いて、増産をやめてしまったのです。加えて産油国であるアメリカ自らの油田も、未開発のアラスカを除いて、10年以内に枯渇する状態に陥りました。こうしてアメリカは、原油価格の決定権を失いかけていたのです。

その点、イラクは石油埋蔵量が世界第2位で、価格が安く、しかもいまだに調査されていない油田がたくさんあります。ところがその油田の開発も、フセインによってフランスやロシアに譲られつつありました。イラク攻撃の前にアフガニスタンへの爆撃がありましたが、その直後にカスピ海沿岸の油田からインド洋に抜ける天然ガスパイプライン敷設が、アメリカ企業に与えられていました。このルートはアフガニスタンのタリバン政権によって拒絶されていたものです。

世界で見ると、石油のある地域と軍事攻撃を受けている国は重なり合っています。アメリカに従わなかったベネズエラのチャベス大統領は、数日間クーデターによって追いやられていましたし、コロンビア、チェチェン、インドネシアのアチェ、フィリピンのミンダナオ島、中国の新疆ウイグル自治区、アフリカ西海岸、東チモール……。それらはすべて石油、天然ガスの出る地域、もしくは輸送に必要な地域なのです。これは偶然でしょうか？

本当のエネルギーセキュリティーを

もし石油が軍事侵略の大きな動機となっているならば、石油そのものに頼らない社会にしていくことが重要です。それにはやはり「自然エネルギー」の利用がカギを握ります。日本では自然エネルギーが、まるで「子どものおもちゃ」のように扱われていますから、信じられないことかもしれませんが、世界は本気で動いています。とくにヨーロッパでは確固たるものになりつつあります。

たとえばドイツは、すでに自然エネルギーによって2030年までに電気の30%をまかなうという計画を掲げ、前倒しで実現しつつあります。スウェーデンは材木カスなどからのバイオマスによって地域冷暖房を実施し、電気だけでなくすべてのエネルギー需要の2割以上をまかなうまでになっています。自然エネルギーは、はじまったばかりの頃こそ経済的には成り立たないかも知れませんが、いったん軌道に乗ればけっして量的に少ないものでも、高くて採算に合わないものでもありません。ましてや「子どものおもちゃ」などではないのです。

もし、自然エネルギーでエネルギーを供給する時代になったらどうなるでしょう。これまでの石油中心の社会では、産業は石油を中心に、そこからピラミッドを降りていくように社会が形成されていました。石油コンビナートのように、石油を頂点とした中央集権構造になっていたのです。ところが自然エネルギーではその逆になります。地域ごとにエネルギーが生まれ、まるで水滴の一粒から大河が生まれるように、分散型の社会が形成されるようになります。これまでの中央集権的な電力供給に代わって、まるで氷屋さんが冷蔵庫の普及によって駆逐されたように、やがて電力会社に頼らなくても自給できる社会に移り変わっていくことでしょう。そのとき、石油をめぐる戦争は不要です。自然エネルギーより高くて汚くて環境破壊的で、他人の国を侵略しなければ得られないエネルギーは不必要になっているのです。この自給できる自然エネルギーこそ、本物のエネルギーセキュリティーになるのです。

省エネと自然エネで、奪い合わない暮らしは可能だ

そもそも自然エネルギーへと進んでいく道筋は、ごく自然なものです。なぜなら石油などの化石エネルギーはいずれ枯渇する資源です。当分枯渇しない「石炭」を利用していたとしたら、地球温暖化の問題によって人類は絶滅の危機に瀕してしまいます。それを避けるには、今太陽から届いているエネルギーの一部を利用して生活するしかありません。つまり自然エネルギー社会に進む以外にないのです。

これはそれほど非現実的な話ではありません。省エネをするとともに、自然エネルギーを利用してみましょう。といってもこまめに電気を消すといった努力･忍耐の省エネではなく、合理的な省エネです。日本の家電メーカーの省エネ製品の開発努力には、目をみはるものがありますからそれを利用しない手はありません。家庭の電気消費の３分の２を占める四天王、それが「エアコン・冷蔵庫・照明・テレビ」です。これらの省エネ製品では、消費電力が10年前の半分以下になっています。それらを導入しながら家庭の電気を太陽光発電で賄うとしたら、自然エネルギーだけで暮らすことも夢ではないのです（124ページ参照）。

どうでしょうか、私たちの生活からでも世界は変えられると思いませんか？　自然エネルギーの利用を進めることで、もう石油まみれの「欲望の世紀」は終わりにしたいと思うのです。

▶▶田中　優

イロコイ族の知恵

アメリカ国内に、警察もFBI（アメリカ連邦捜査局）も踏み込めない準独立国があります。東海岸のニューヨーク州北部、アメリカ先住民の6つの部族が、東から西へモホーク、オナイダ、オノンダーガ、カユーガ、セネカ、タスカローラの順に、ゆるやかな同盟を形づくる「イロコイ連邦」がそれです。

今なおかろうじて残るアメリカ先住民の領土は、どれも原則的に治外法権の準独立国なのですが、イロコイ連邦は合州国政府からも他の北米先住民諸部族からも一目置かれていて、どこかイタリアのローマ市内にあるカトリック総本山バチカン市国と対比させたくなります。なぜなら、イロコイ連邦は小粒ながら、アメリカの宗旨ともいえる自由と民主主義の知られざる総本山だからです。

コロンブス到来に先立つこと約500年、戦乱に明け暮れていたこの地に「ピースメーカー」と呼ばれる偉大な社会改革者が現われました。伝説では100年がかりで5つの部族を粘り強く説得し（タスカローラ族の合流は後世）、最後にすべての武器を1本の大木の根元に埋めて、武力ではなく理知と話し合いで問題を解決する平和連合を結成しました。母系制、独特の議会と合議システムなど、「大いなる平和の法」と名づけられた117条の誓約のもと、イロコイ民主制は今日まで原型を保ったまま立派に機能しています。

ヨーロッパ人が続々と北米へ流れ込む時代、イロコイ連邦は大きな勢力を誇る先住民の代表格だったため、白人たちにさまざまな影響を与えました。最大の貢献は、18世紀のアメリカ独立に際して、13のイギリス植民地に連邦制の結束をすすめ、万人が自由で平等に生きられる民主社会の手本を示したことだといわれています。定説によると、民主主義はギリシャ・ローマに起源をもつヨーロッパの独創とされていますが、直接民主制と代表民主制をうまく組み合わせ、性別も年齢も問わない全員参加型の合意形成でものごとを決める社会など、18世紀のヨーロッパには実在しませんでした。ヨーロッパ啓蒙主義の理想と、王様も貴族もいない先住民社会の実体験を結びつけたフランクリンやジェファーソンは、双方から学んだものをアメリカ建国と合州国憲法に取り入れました。戦乱に懲り、平和の理想に燃えて武器を捨てた戦後の日本国憲法も、ピースメーカーの直系だったのです。

（星川 淳）

［参考図書］『小さな国の大いなる知恵』ポーラ・アンダーウッド＋星川 淳（翔泳社）
『アメリカ先住民の貢献』ジャック・ウェザーフォード（パピルス）

4章

国連だって活用できる

21

地雷廃絶の流れをもう一歩進めよう

地雷の廃絶をめざして

1997年12月3日、カナダの首都オタワで、「対人地雷の使用、貯蔵、製造、移譲の禁止及びその破壊に関する条約」（通称「オタワ条約」）の調印式が開かれました。はじめに調印したのは、この条約の成立に向けて大きな役割を果したカナダ、次にノルウェー、南アフリカなどが続き、最終的には122カ国が署名しました。じつに世界の半分以上の国々が、対人地雷の全面禁止に賛同しているのです。

2001年7月から2002年6月までの1年間だけでも、世界で7987人の犠牲者が確認されています。ただし、この数字はあくまでも各地の病院等で把握できた数字で、即死や医療機関へ移送する手段がなかったために病院にたどり着けなかった人もふくめると、実際の数は1万5000から2万人に及ぶと推定されています。じつに、毎日50人近い人々が地雷の犠牲になっている計算になります。

地雷がとくに恐ろしいのは、それがいつまでも残ることに加え、無差別であるという点です。地雷は人や動物がその爆発装置にふれるまでひっそりと隠れ、踏むその足が兵士のものであるか、子どものものであるか、識別することはないのです。地雷を踏めば、命を落とさずに済んだとしても、手足を切断され、長い入院と、その後のリハビリ生活を余儀なくされます。多くの場合、その治療費や薬代を捻出するために借金が必要となります。中には土地までも手放さなければならないこともあります。このように、あえて死に至らしめず、大けがを負わせることで周囲の人間もふくめた物理的、精神的苦痛をもたらすことから、地雷はもはや軍事問題ではなく、重大な人道問題であると認識されるようになりました。

広がる平和の連鎖

対人地雷の世界的廃絶をめざす運動は、じつはたった2人の提案からはじまりました。そして、わずか数年の間に、世界70カ国の1000を超えるNGOが参加する巨大グループ「地雷禁止国際キャンペーン」(ICBL)に拡大しました。その背景には、故ダイアナ妃に象徴される世界の著名人を巻き込むことで、マスコミの注目度を上げたこともあります。しかし、それだけでは人々の関心をより深く、持続させることは不可能です。ICBLの運動を成功に導いた要因は、インターネットによるリアルタイムの国際的ネットワークを築いたことにあるでしょう。問題意識さえあればだれでも情報を共有できます。しかもそこには医療や軍事の専門家の知識と、現場の実情がリアルタイムで反映されています。そうすることで、問題の規模や実態を多面的に把握し、情報に信頼性と説得力をもたせることができるのです。

信頼性の高い情報はさらに多くの人を巻き込む原動力になります。たとえば、音楽家の坂本龍一さんの行動も大きな影響をもたらしました。坂本さんは自分の専門である音楽を通じて地雷の問題を日本の人々に知らしめ、同時に「CDの売り上げで地雷除去を支援する」という離れ技をなしとげました。こうした坂本さんの行動に共感した人々がまた新たな関心層を呼び起こすという平和の連鎖を生み出したのです。地雷の犠牲者が、一生その傷と付き合っていかなければならないことを考えると、つねに新しい人がこの問題に気づき、行動する、時空間のバトンタッチが続いていくことを願ってやみません。

2003年5月現在、オタワ条約加盟国の数は134カ国になりました。

現在これらの国々で保有地雷の廃棄作業が進められています。いっぽうで、アメリカ、ロシア、中国などの軍事大国がいずれも未加盟であることは、引き続き大きな課題として残っています。条約の成立をゴールと勘違いしてはいけません。条約はあくまでも地雷廃絶のための一つの道具であり、実際にすべての国が加盟し、義務を果さなければ目的は達成されないのです。そのためICBLでは、条約成立後の課題として、条約の普遍化（一つでも多くの国を加盟させ地雷の世界的な廃絶を達成すること）と実施、そして地雷の「定義」の解釈をテーマに掲げ、加盟国の増加と条約の強化にいっそうの力を入れています。

クラスター爆弾への応用

この対人地雷廃絶の流れを、類似する他の兵器にも応用できないものかと、いくつかの新しい運動がはじまっています。たとえばクラスター爆弾もその一つです。

旧ユーゴスラビア、アフガニスタンへの攻撃、そして今回のイラク戦争でもその残虐性が問題になっているのがクラスター爆弾です。1991年の湾岸戦争では6万発以上も使用されました。残念なことに日本も87年から16年間に渡り購入を続け総額148億円分のクラスター爆弾を保有していることが最近の報道で明らかになりました。この兵器についても、なん

▶アフガニスタン東部、ジャララバード郊外に投下されたクラスター爆弾の“不発”小爆弾。

とか規制の枠をはめられないかと活発な議論が続いています。

クラスター爆弾とは、一つのディスペンサー（カプセル状の親爆弾）の中に、約200個の子爆弾が入っており、投下後拡散した個々の子爆弾がそれぞれ鉄片ないし鋼弾を撒き散らすしくみで、広範囲に被害を及ぼす非人道的兵器です。さらに問題なのは、投下された子爆弾のうち少なくとも1割から2割が"不発弾"として地表に残ることです。地表に残った子爆弾は、地雷同様、長きに渡って残り続け、それに触れた者を無差別に死に至らしめます。犠牲者の立場で考えればこれはまさに地雷と同様の兵器であり、「オタワ条約」で規定する「地雷」の定義にふくめられるべきだと思われます。

現在、ICBL参加団体の間では、このような「戦争の結果として残る爆発物」（ERW）について、あらたなワーキンググループが結成され、その定義や、被害の実態、規制可能な軍縮条約、国際法について勉強しつつ、キャンペーンの戦略を練っているところです。一つ具体的な動きとしては、2002年12月に開催された「特定通常兵器の使用の制限に関する条約」（CCW）の締約国会合で、上記の対車両地雷やERWの問題が議論のテーブルにあがりました。まだ具体的な規制枠を設ける議論には至っていませんが、クラスター爆弾のもたらす不発弾の存在が人道上の危機であり、紛争終了後になんらかの具体的な措置が取られるべきだと認識されたことは、一つの前進です。

兵器を廃絶することから

私たちは、戦争が起きるたび、使用される武器の残虐性に怒りを覚えます。「たんに一つの武器をなくしてもしょうがない」と思う人もいるかもしれません。しかし、たとえ一つの武器であっても、それが使われる背景、被害の大きさを知るにつれ、戦争そのものの愚かさを痛感するのです。

戦争が起きないようにする努力と同時に、ある具体的な兵器の廃絶を目標に活動してみるということも大事なアプローチではないでしょうか。

一つひとつの兵器を廃絶していく過程で生まれる人道的規範は、いつか必ず戦争そのものを否定する規範の確立に結びつくものと信じています。

▶▶ 清水俊弘

22 ルールを張りめぐらせて戦争の手をしばろう

イラク戦争の正当性

「イラク戦争」には正当性がないと、多くの人が感じました。

アメリカは、「イラクは大量破壊兵器をもっている」と主張しました。しかし、国連査察では、兵器はみつかりませんでした。アメリカは、「奴らは隠している」と訴え、戦争をはじめました。ところが、戦争が終わっても、結局兵器は出てきませんでした。戦争を容認したアメリカやイギリスの国民は、「話がちがうじゃないか！」と怒っています。政府が情報を操作していたという報道も出て、大きな政治問題にまで発展しています。

しかし、もし仮に、戦争の結果として兵器がみつかっていたなら、どうなっていたでしょうか。

イラク戦争がはじまって10日ほどたったころ、アナン国連事務総長と記者がこんなやりとりをしています。

記　者：「まだイラクでは大量破壊兵器が見つかっていません。このことは、この戦争の正当性にどんな影響をもつのでしょうか？」

アナン：「正当性というご質問ですが、ご存じとは思いますが、……国連安全保障理事会はこの戦争を支持してはいないのですよ」

（2003年4月1日付、国連会見録）

つまり、この記者は、「戦争をやっても兵器がみつからない。ということは、この戦争には正当性がない」と考えたのです。これに対してアナン事務総長が答えた内容は、「戦争をやった結果として兵器がみつかろうがみつかるまいが、国連がこの戦争の正当性を認めていないということに、変わりはない」ということなのです。なぜなら、アメリカやイギリスは、戦争をはじめる前に戦争を認める国連決議を求めたのですが、国連の多数の国々がこれに難色を示し、決議は通らなかったのです。国連決議のない戦争なのだから、結果のいかんにかかわらず正当性はない、ということです。

「結果論」と「手続き論」

日本では、どうでしょうか。もし仮に兵器がみつかっていたなら、はじめは戦争に正当性がないと思っていた多くの人々も、「まあしょうがなかったんじゃないか」という雰囲気になっていたかもしれません。日本社会には、こんな「結果オーライ」の風潮があるようにも思われます。

国連の事務総長は、「結果論」ではなくて、「手続き論」として、今回戦争をおこなったことはまちがっている、とはっきり述べたのでした。「結果論」ではなくて、「手続き論」に注目する。これが、国際法の考え方です。

戦争はいつも、「自分たちは正しい」という主張の下でおこなわれます。「正しさ」の判断は立場によりさまざまでしょう。ですから、各国が自分たちの主張を実施に移す「手続き」を、きちんとルール化しなければならない。そうでないと、「先にやったもん勝ち」となり、世界は戦争だらけになるでしょう。だからこそ、国際法は「手続き」を重視するのです。

戦争がはじまる前のルール

国連憲章によれば、国際平和を脅かす事態があるとき、それがどんな問題であろうと、まずは平和的に解決しなければなりません。これは、国連加盟国すべてに課せられた「義務」なのです。

平和的手段がすべて万策尽きて、もうどうしようもない、というときにだけ、最後の最後の手段として、軍事行動が認められています。このとき、「万策が尽きた」と判断するのはだれなのかが重要です。それは、国連をおいてほかにありません。

アメリカが国連決議なしにイラク戦争をはじめたことが非難されたのは、戦争そのものが許されないという道義的な問題のほかに、「万策が尽きた」のかどうかを国際的に確認する「手続き」を無視したからでした。「万策が尽きたとオレは決定する」では、あまりに自分勝手です。

戦争がはじまってからのルール

次に、戦争がいったんはじまってしまった場合の問題です。

イラク戦争がはじまると、「どんな戦争も残酷ですね」（小泉首相）とか、「戦争がはじまっちゃった。もうダメだ」（反戦デモ参加者）といった反応が日本では目立ちました。これらは、「結果オーライ思想」の裏返しといえるかもしれません。ところが、現実の国際法は、もっとタフなのです。

どんな戦争においても、戦争当事国が使用してよい戦闘手段は「無制限ではない」と国際法は明言しています。具体的には、民間人（軍人以外のすべての人）を狙った攻撃は禁止されています。また、攻撃する相手に「行き過ぎた傷害や不必要な苦痛を与える」戦闘手段も禁止されています。さらに、「自然環境に深刻な損害を与える」戦闘手段も禁止されています。

ようするに、どんな戦争であっても、軍事目標を達成するという目的か

戦争の手段をしばるルールの数々

	条約等の名称	発効等の日付	主な内容
全般的な定め	ジュネーブ条約第1追加議定書	1978.12.7	民間人を攻撃の対象としてはならない 過度の傷害や無用の苦痛を与える戦闘手段を禁止する 自然環境に深刻な損害を与える戦闘手段を禁止する
	国際刑事裁判所（ICC）規程	2002.7.1	上記など、ジュネーブ条約違反の行為は戦争犯罪である
特定の兵器に関するもの	国際司法裁判所（ICJ）勧告的意見	1996.7.8	核兵器の使用・威嚇は一般的に国際法違反である
	化学兵器禁止条約	1997.4.29	化学兵器の使用を禁止する
	生物兵器禁止条約	1975.3.26	生物兵器の使用をなくすことを決意する
	対人地雷禁止条約	1999.3.1	対人地雷の使用を禁止する
	特定通常兵器条約	1983.12.2	地雷・焼夷兵器などの使用を禁止・制限する

らみて「不必要」な被害や破壊や苦痛をもたらす手段をとってはならないのです。こう考えると、イラク戦争は「ルール違反」だらけでした。

▶**「衝撃と恐怖」**と名付けられた空爆は、民間人に「恐怖」という「不必要な苦痛」を与えることを目的としたものでした。

▶**劣化ウラン弾**は、核物質による放射能汚染が人体や環境に深刻な影響を長期にわたってもたらすことが世界中で指摘されています。

▶**クラスター爆弾**のもたらす大量の不発弾は、地雷と同じはたらきをします。多数のイラクの子どもたちやアメリカ兵が、戦闘後に死んでいます。

» ルールを生かすも殺すも

「ルールに従えば、やってもよい」という話をしているのでありません。

こんな例があります。化学物質を使って、暴動を鎮圧するための特殊ガスを開発する国があります。ガスを暴徒に浴びせると、死には至らないが、体は動かなくなるというものです。「今のところ禁止対象になっていなし、じっさい死なないのだからいいだろう」と開発する側は主張します。

これに対して、国際赤十字や世界のNGOは、反論します。「じっさいの紛争現場では、そのガスだけが使われるわけではない。ガスを浴びた人は、その後銃撃を受けるかもしれない。ガスでは死ななかったとしても、動けなくて銃撃から逃げられないから、結果として死んでしまいます」。反論は、さらにこう続きます。「新しい化学物質は、むかし作った化学物質の禁止リストには含まれていないだろう。しかし大事なのは、物質の名前が禁止リストにあるかないかではない。それらの物質が使われる『目的』こそが問題なのだ」と。

戦争に関するルールは、戦争の手をしばるという目的から、この世に誕生したのです。その目的に沿ってルールをどんどん活用し、さらに改良しましょう。2つの世界大戦を経験してしまった人類は、もうこんな歴史をくり返したくないという必死の思いで、こうしたルールをつくり上げました。国際法は、20世紀という100年間を通じての輝く財産なのです。これを生かすも殺すも、次の100年を生きる私たちしだいです。

▶▶ 川崎 哲

23 「核には核を」は越えられる！

北朝鮮とアメリカ

「日本が戦争に巻き込まれる」という危険を感じている人が４割を越え、多くの人が「朝鮮半島情勢」を懸念している、という最近の世論調査があります。北朝鮮の「核疑惑」への不安感が、広がっています。

しかし、「北朝鮮が核兵器をもっていると認めた」というのは、アメリカ政府がいっている話です。「認めた」とされる当の北朝鮮政府は、たしかに「わが国だって核兵器をもつ『権利はある』」といってはいます。しかし、すでにもっているとは、公式にはいっていません。「もっている」ともいっていないので、当然、「日本に撃つ」ともいっていません。北朝鮮の狙いは、核の姿をちらつかせることで、アメリカとの外交交渉を有利に運ぼうということであり、「撃つ」ことまで計画しているのではない、とみられています。アメリカや日本の政府さえも、そうみています。

「隠れてもっている」というのが仮に本当でも、数は１個か２個で、ミサイルに載せられる段階でもない、と分析されています。ミサイルに載せなければ、撃てません。つまり、もしあなたが、「金正日のボタン一つで今すぐにでも核ミサイルが飛んでくる」と思っているとすれば、まったくの誤解です。ありえない話です。

いっぽうのアメリカは、世界でもっとも強大な核保有国であるばかりか、北朝鮮に対して核兵器を撃つことも辞さず、という立場です。

2002年1月にアメリカ国防省がまとめた文書には、北朝鮮、イラク、イランなど7カ国の名前がリストアップされ、これらの国に核兵器を撃つ計画を立てる、と書いてあります。機密文書なのですが、アメリカの民間の兵器専門家が原文を入手して暴露しました。

アメリカは、こうした国々に対して使用する目的で、新型の核兵器を開発しています。かつての冷戦時代は、ソ連を相手に遠くから狙うための核兵器が主流でした。今後は、イラク戦争のように「ならず者国家」と戦争したときに、じっさいに使える核兵器をもちたいのです。そのため、これまでよりも短距離で、威力は小さく、確実に標的を破壊できる新型のものを開発しています（ただし「小さい」といっても、今開発中のものは広島の原爆の5倍から数十倍もの威力といわれています）。

その分、ロシア（旧ソ連）を狙うための核兵器の数は減らしてもいい、ということになりました。とはいえ、現在の約6000発を今後10年間で2000発程度にまで減らすという、たいへん遅いペースです。しかも「減らす」といっても、約束したのは「撃てる状態から外す」ことだけです。つまり、廃棄せずに保管しておいてもいいのです。保管したものは、いざとなれば、再び撃てる状態に戻せます。

このようにアメリカは、核兵器をなくそうとせず、新型の核兵器を開発し、撃つことも辞さず、という姿勢です。この姿勢こそが、北朝鮮が「核兵器をもつ権利がある」と主張する根拠にされているのです。北朝鮮は、「対抗する権利」を主張しているのです。

»「核兵器で安全を得る」？

アメリカの核が放置されているのは、まったく不公平な話です。だからといって「対抗する権利」を認めてしまえば、世界中の国々が核兵器をもつ権利を主張することにもなりかねません。大事なことは、対抗する必要がなくなるように、不公平な状態そのものをなくすことです。

つまり、「地球から核兵器を廃絶する」ことを目標にして取り組まない限り、「北朝鮮の核問題」は解決しません。最大の核保有国アメリカは、急いで核兵器を廃棄し、新型の核兵器の開発をやめ、他国を核兵器で脅すことをやめるべきです。そうすれば、北朝鮮にしても他の国々にしても、核兵器をもつ理由じたいがなくなるのです。

核兵器をもつ国はどこも、「核兵器によって、安全が得られる」と考えています。しかし、この発想が生き続ける限り、核兵器はほかの国にも広がっていきます。結果として、世界はどんどん危険にさらされていくのです。

日本も例外ではありません。「北朝鮮の核兵器が怖い」といいながら、「アメリカの核兵器で自分たちは安全になる」と信じている人も多いようです。日本政府は、北朝鮮の核兵器は「絶対に認めない」といいながら、アメリカの核兵器は「必要悪です」といっています。そして、「核を撃つことも辞さず」というアメリカの立場を黙認しています。日本は「撃ってもいい」といっているのと同じです。つまり日本は、北朝鮮が核兵器をもつ権利を主張する原因を、自らつくっているのです。

問題のほんとうの解決のためには、日本自身が「核兵器で安全を得る」という発想を捨て去るべきです。アメリカの核兵器にたよるのはもうやめにしましょう。もちろん、日本自身が核兵器をもつわけでもなく。「核兵器を全面的に禁止して、ほんとうの安全を得る」道を選択しましょう。

▶2003年4月、スイス、ジュネーブの国連本部会議室で開かれたNGOのワークショップ。
核兵器に関する政府間の会議が開かれる傍ら、世界各国のNGOもさまざまな提案をもって集まる。

「核兵器禁止」は現実的な道

「核兵器禁止条約をつくる」という提案を、世界の多数のNGOがおこなっています。核兵器の開発、保有、使用を全面的に禁止する国際条約を作って、すべての国がそれに加盟するのです。今ある核兵器は、数十年かけて段階的に全廃します。検証制度をつくって違反をチェックします。違反が疑われる場合は、話し合いで解決するルールをつくります。

法律家NGOが起草した「モデル核兵器禁止条約」は、国連の公式文書にもなりました。国連総会では、「核兵器禁止条約の交渉を早くはじめよう」という決議が、毎年のように採択されています（アメリカや日本は賛成していません）。

「核兵器禁止条約」ができるまでには、長い時間がかかります。まずは、地域ごとに核兵器を禁止する条約を結ぶことからはじめましょう。このような地域を「非核地帯」といいます。

かつて核兵器を開発した南アフリカは、核兵器を放棄したあと、アフリカの他の国々と協力して、アフリカ大陸全体を非核地帯にすることに成功しました。シルクロードの中央アジア５カ国は、ソ連時代の核兵器を撤去して、非核地帯の一歩手前まできています。核保有国に挟まれた小国モンゴルは、一国で非核地帯を宣言しています。私たちも、日本や朝鮮半島をふくむ、東アジアの非核地帯をつくりましょう。「核兵器を禁止して安全を得る」ための現実的な方法は、たくさんあるのです。

８月６日広島、９日長崎、15日「終戦」……。夏は、非核・平和が注目される季節です。広島・長崎を訪れたり、テレビで慰霊式典を見たりする人も多いでしょう。広島・長崎の現実は、「核兵器があった方が安全だ」という議論に対する、もっとも明確な反論の根拠です。世界には、広島・長崎の写真を一度も見たこともなく「核兵器があった方が安全だ」と本気で考えている人が、びっくりするほど大勢います。広島・長崎のつらい現実に向き合う意味は、「過去を知る」ことにとどまりません。「今すすむ道」を世界にしめすことが、被爆国に住む私たちに求められている役割です。

▶▶ 川崎 哲

24 テロも戦争も「裁判」にかけよう

9・11 はどうなった？

「奴らを裁きにかけてやる」。これは、「9・11アメリカ同時多発テロ」のあとに、ブッシュ大統領が連発した言葉です。「裁きにかける」としてじっさいにおこなったことは、アフガニスタンへの軍事攻撃でした。

あれから2年近くが経過しても、首謀者は捕まっていません。生きているか死んでいるのかすら不明です。あの事件をだれがどのように引き起こしたのか、まったく解明されていません。公正な裁判はおこなわれていないのです。それでいて世界は、「テロはまた起こる」という恐怖におびえ、「対テロ戦争」をくり返そうとしています。

テロを裁判にかける

テロに対して、公正な裁判で対処することはできないのでしょうか。

こんな事例があります。1988年12月、パン・アメリカン航空機が、イギリスのスコットランド上空で爆破されるというテロ事件が起こりました。アメリカとイギリスの当局は、犯人はリビア人だと断定し、リビア政府に身柄の引き渡しを要求しました。リビア政府は拒みましたが、長い外交交渉の結果、1999年に身柄は第三国オランダに引き渡されたのです。

そしてオランダで、イギリス・スコットランドの法律を適用した裁判がおこなわれました。この過程で、さまざまな国が仲介役を果たしています。

これに比べてアメリカは、9・11テロの容疑者の引き渡しを実現するための外交努力をちゃんとおこなったとは、とうていいえません。アフガニスタンには、アメリカとの対話を求める穏健な声もあったのですから。

世界がねばり強い「外交の力」を発揮すれば、公正な裁判でテロを裁くことは可能なのです。

困難は多々あるが

とはいえ、困難な問題もあります。

一つは、「テロとは何か」という「そもそも論」です。

国連では、テロ全般を規制し防止する条約（包括的テロ防止条約）をつくるための交渉が続いています。この交渉でネックになっているのが、「テロの定義」なのです。「外国の占領に対する解放のための戦いは、テロとみなすべきでない」と、中東のアラブ諸国は主張しています。この背景には、「イスラエルによるアラブ占領」と、「それに対する解放運動」という長い歴史があります。きわめて根深い問題といえます。

もう一つの問題は、テロを裁くという名目で、人権侵害が多発していることです。

「アルカイダのメンバー逮捕！」といったニュースが欧米発でときおりテレビをにぎわします。そのかげで、逮捕された人はまったく無関係だったとか、法律を無視した強制捜査が横行したといった事例も多いのに、こちらはほとんど注目されません。アナン国連事務総長は、国連によるテロへの取り組みについて語るとき、「反テロの名の下で、人権が犠牲になってはいけない」といつも強調しています。

こうした困難を抱えつつも、公正な裁判でテロに対処しようという国際的な努力は、現在進行形で続けられているのです。

国際刑事裁判所（ICC）の設立

さて、テロを裁判にかけることができるとなれば、もう一回り大きく、

「戦争」を裁判にかけることはできないのでしょうか。

世界では、「戦争犯罪」を国際的な裁判にかけるための努力が続けられてきました。その一つの成果が、国際刑事裁判所（ICC）の設立です。

1990年代、旧ユーゴスラビアやアフリカのルワンダなどの紛争で、集団殺戮やレイプなど、深刻な犯罪行為がおこなわれ、世界的な問題となりました。個別の紛争ごとに「特別法廷」を設けるだけではなく、「常設の国際法廷」を設けて戦争犯罪を裁くべきだという世論が高まりました。

長い交渉のすえ、ICCを設立する条約が1998年に成立し、2002年に発効しました。2003年、18人の裁判官が選出されました。裁判所は、オランダのハーグにあります。世界中の人権NGOが、このプロセスを応援してきました。

ICCを阻む大国の壁

「ICC条約」は、ICCが裁くことのできる罪として、4つのカテゴリーを設けました。「集団殺戮（ジェノサイド）」「人道に対する罪」「戦争犯罪」「侵略の罪」の4つです。

このうち「戦争犯罪」の内容は、すでに国際法で確立している戦闘手段に関するルールに基づいています。たとえば、「民間人に対して意図的に攻撃を加えること」をはじめ、「強姦、性的奴隷化」「15才未満の子どもの軍

▶ICC裁判官を選出するための加盟国会議を傍聴する
世界の人権NGOメンバーら。2003年2月。（写真／「ICCのためのNGO連合」）

隊への徴用」などなど、定義がびっしりと条文の中に並んでいます。

ところが「侵略の罪」のほうは、カテゴリーこそ設けられたものの、その定義はまったく条文には書かれていません。今の国連システムでは、「侵略だ」と判断を下すのは国連の安全保障理事会だ、という原則があるからです。実質的にいうと、安保理で拒否権をもつアメリカなどが、自分たちをさしおいてICCが勝手に「侵略」を裁くことを嫌ったのです。ICCは、この問題を棚上げにしたまま出発したのです。

アメリカはまた、「海外のアメリカ兵が犯罪人としてICCにかけられる危険がある」と考えて、いったんは条約に署名していたのに「署名を撤回」しました。さらに、条約に加盟している他の国々とのあいだで個別に協定を結び、「アメリカ兵をICCに訴追しない」と約束させています。

このように、戦争犯罪を裁くために長い交渉のすえにできあがったICCは、いまだに大国とのあいだで、権限をめぐる綱引きを続けているのです。

日本で議論を起こそう

では、ICCに強大な権限を与えれば問題が解決するかといえば、そうもいきません。テロを裁くときの問題と同じで、司法機関にあまりに強い権限を与えてしまえば、必ず人権侵害の温床となります。

じゃあどうすればいいんだい、と困ってしまう人も多いでしょう。テロや戦争の問題を考えるときに、正義の味方を求めてはいけません。絶対に正しい裁判官などいません。いると信じることが、戦争を生んでいるのです。

それでもなお、「テロを戦争で解決するのだ」という暴論が横行する今の世界で、「テロにも戦争にも裁判を！」という試みは、輝く宝石の原石です。難題山積ですが、この道をすすむしか、未来はありません。

日本はまだ、「ICC条約」に署名していません。この問題を国会で議論させましょう。そのときには議論を法律家に任せずに、平和を望むシロウトの市民がどんどん意見をいうべきです。「戦争こそ正義である」という暴論をひっくり返すことができるのは、最終的には法律ではなく、シロウトの市民の声だからです。

▶▶ 川崎 哲

イースター島の結末

1722年のイースターの日、ある南海の孤島が世界史に登場します。発見当時の島民は約3000人。人々は文化ももたず、殺し合い、喰らい合うという絶望的な状況でした。600を越える石像モアイの存在は、かつてのこの島の発展を証明しています。しかし、像は打ち倒され、放置されているという状態。島には一本の木すらなく、人々は農業、漁業も営めないのです。

土にふくまれている花粉の調査から、この島にもかつては森林が広がっていたことがわかりました。年代を経るごとにモアイ像は巨大化したこともわかり、どうやら氏族の力を示す象徴だったようです。森林を失った理由は、巨大な像を運ぶ道具づくりのためと考えられています。森がなくなれば、雨によって表土が失われます。こうして農業も崩壊。木がなければ、丸木舟も、漁具も作れないので漁業も終わり。結果として氏族間の抗争にはますます拍車がかかったとされています。そして人口は半減、自分たちの歴史すら伝承できないほど、知も技術も失った人々が発見されたのです。

イースター島は南米のチリまで3700km、西の島までは2000kmほど離れた孤島なので、島の崩壊が明らかになったときには、もはや脱出は不可能でした。かつては優れた航海技術とともに南の島々を渡り歩いた人たちなのに。

有限の孤島で人々が発展を求め、奪い合いを重ね行き着いた姿。この事例は、私たちに警鐘を鳴らしてくれています。現代は科学技術が発展し、地球環境問題への認識も深まっています。人類史上最も物的な発展を遂げたことは間違いないでしょう。しかし、この発展は、いつか必ず枯渇する化石燃料や武力、富の不均衡に支えられた砂上の楼閣です。他の島に逃げることができないように、私たちもこの有限の星で生きていく以外に術はないのです。

もし破局が不可避とわかったとき、自分たちのことだけを考えて武器を手に取る者もいるでしょう。しかし最後の勝者は、勝った瞬間、最後の敗者となるのです。

私たちはどのように暮らしていけばよいのでしょうか。そのヒントはご覧いただけたはず。戦わなくても済む世界は、ちょっとの想像力と人々の行動によって実現できるのですから。

（小林一朗）

5章

「次の社会」のしくみをつくろう

25 NGOで学校をつくろう

平和教育ってなんだ？

私たちが受けてきた“平和教育”は、「ヒロシマ·ナガサキ」の被害や「東京大空襲」など、「これだけ悲惨なのだから、もう戦争はやめよう」というものでした。そしてそういった「教育」は、だれもが「戦争はよくない」と感じるようになったという成果をもたらしてきました。ところが今度のアフガン戦争やイラク戦争は、そういった平和教育に大きな問題点と限界があったことを明らかにしたようです。

太平洋戦争から時間もたった今、若い世代にとってあの頃の話はリアリティのない過去の、他人事でしかありません。だれしも自分が巻き込まれる危機感を感じない限り、それほど真剣に平和について取り組もうとは思わないはずです。また、「攻撃されて敗戦し、こんなに苦しんだから戦争はよくない」という発想は、「自分たちが絶対に安全なら、戦争を支持してもよい」という論理につながりかねません。イラクの物理的な遠さは、その安全性を保障してくれました。

日本では多くの人が戦争反対を口にしながら、それが戦争を止めるような大きなうねりにはなりませんでした。その理由には、そうした時間的および物理的な距離感が大きく作用したのではないかと思っています。

ではどうしたらその距離感を埋め、戦争を起こさない社会をつくる力にしていけるのでしょうか。そこでNGO·ピースボートの平和教育の活動を紹介したいと思います。

互いに学び合う場

ピースボートでは、市民による市民のための学校を船上で開催しています。「学校」といっても、「先生」が「生徒」に何かを教え込むという場ではありません。たとえば船上での企画として、大学教授やジャーナリストら各分野からの専門家の方に乗船してもらって講座をおこなっていますが、彼らは「先生」ではなく、同航者の一人として船旅をナビゲートする、という意味で「水先案内人」と呼ばれています。講座以外の時間では、ともに船旅を楽しむ参加者にもなるというわけです。

そして、ここでは参加者のだれもがいつでも企画の発案者になるチャンスがあります。自分のアイデアひとつでディスカッションや大きなイベントを開催することも、得意分野の講師になることもできるのです。つまり船上では、だれもが「先生」であり「生徒」であるといえます。

平和教育についても、さまざまなアプローチが可能です。たとえば、戦争体験を聞きたいという若者が、年配の参加者に企画の提案をして講演者を募集する、といったことや、世界の紛争地から来たゲストの人たちにインタビューをしてそれを発表する、といったこともできます。自ら興味をもったことを企画し、すぐに実現できる要素がそろっていることが、知識の吸収にとどまらずに主体的に行動することにつながっていくのではないでしょうか。また、教え込むのではなくお互いが自由に学び合うというスタイルは、それまで社会問題などに関心のなかった他の人たちにも興味をもつきっかけをつくっていきます。

そして、世界のさまざまな寄港地で体験をしたことを踏まえて、そこから行動へとつなげてゆくことができるのです。私たちは、船の中や現地で学んだことを知識として溜め込んでおくのではなく、それを社会を変えてゆく力として、どのように使っていくのかということが大事だと考えています。そのやり方はキャンペーンからロビー活動までさまざまです。その問題を知らない他の多くの人々に伝えること、メディアにアピールしていくこと、直接政府や企業などに働きかけること……など。そういった行動を起こすために必要なスキルを身につけ、実際の活動に活かしていくこと、それが船上での「地球大学」と呼ばれる企画などを通じて実践されています。

コミュニケーションと語学教室

また、コミュニケーションの手段として、語学教育にも力を入れています。もちろん、語学を学ぶだけなら日本にいても語学学校で手軽に学ぶことができます。しかし、いくら高い授業料を払って受けても、実際に使う機会がなければ週に1回、2回で身につくはずはありませんし、そのためやる気も失せていきます。

その点、船の上には実践の場がたくさんあります。語学のクラスが終わっても、「水先案内人」たちは船上で一緒に過ごしているので、いつでもコミュニケーションをとることができます。そして船には数多くのゲストや多国籍のクルーが同乗しているので、彼らとの会話にも活用できるのです。各寄港地で降りたときに現地の人々と話して、自分がどれくらい上達したのかをチャレンジしてみることもできます。もちろんなかなかすぐにはうまくいきませんから、ショックを受けることもあります。しかしその悔しさが、次の実践でもっとうまく伝えることができるようにと、再び船内で磨きをかけるための力になっていくのです。

語学教育をおこなうときにピースボートがもっとも大事にしているのは、「きれいな英語」ではなく「伝わる英語」を身につけることです。一般の語学学校では、講師が全員「ネイティブ」であることを売りにしたり、正しい「イギリス英語」とか「アメリカ英語」を教えています。しかし世界中には英語を母語とするネイティブスピーカーの人々よりも、英語を母語としない英語圏の人々の方が圧倒的に数が多いのです。たとえばインドやシンガポールの人が話す英語はかなりなまりが強いのですが、それが「間違っている」ことにはなりません。ようは「彼らとコミュニケーションをとるためには何が必要か」ということなのです。各地でNGO活動をしていくために必要になるのは、語学そのものよりも、いかにコミュニケーションをとるかということなのです。

NGOの事業としての教育

こんなふうにして、ピースボートはNGOとしての特性を活かしたさまざまな教育の場を「事業」の一つとしておこなっています。現場で体験して、互いに学び合って行動につなげること。そしてコミュニケーションのための語学を身につけること。これらは別々のようでいて、じつは世界中のNGOや市民とのネットワークがあるからこそできるという点で共通しています。

もちろん、船に乗ったり旅をすること以外にも、学び合う場所や人々と出会う機会はいくらでもあります。そして、そのような“場”をつくる試みは、業者まかせにするのではなく、市民がつくり上げてゆくことにこそ価値があるのではないかと思います。

ほんとうの“平和教育”はそんな“場”を使って、人々と出会い、ともに語り合い、世界で起きていることとの距離感を縮めてゆくことではないでしょうか。そしていったん「他人事ではない」という気持ちになれば、それが現実を動かすための行動を起こす原動力へと変わっていきます。学校や駅前留学の教室にいるだけでは、そのようなことはけっして学べません。私たち自身が積極的にそういった教育活動に参加し、担っていくことが、戦争を起こさないための社会をつくる基礎固めになるのではないかと考えています。

▶▶ 高橋真樹

26 自分たちで食べ物をつくろう

食べ物と戦争？

古来、戦争とは資源と食料、住みかを求める奪い合いのことでした。もし突然、自分の食料が取り上げられてしまうとしたら？「そんなことあるはずない……」。ふんだんに食べ物がある間はそう思っていられるのかも。いざというとき、他人の食べ物を奪わなくてすむように、また食料を持っている強国のいいなりにならならなくてすむように、私たちにはどんなことができるのでしょう。

なんで日本の食料自給率は低いの？

日本の穀物自給率28%という数値は世界175カ国中128番目、OECD（経済協力開発機構）加盟30カ国中29番目というお粗末さ。「食料主権」という考え方を聞いたことがありますか？　食料を海外に委ねない、自分たちで農業や食料のあり方を選択できる権利がある、というものです。この「食料主権」について、日本と現在のEU（ヨーロッパ連合）諸国ではまったく逆の別の道筋をたどりました。第二次世界大戦後は食料をアメリカにたよってきたのはEU諸国も日本も同じことでした。ところが、1960年代以降、EU諸国は「食料主権」を重視し自給に向け舵を取りました。

日本はどうだったのでしょう？　経済的に豊かになった日本は、アメリカ農産物の最大の得意先になってしまったのです。きっかけはアメリカ国内で大量にあまった小麦の在庫処分でした。ちょうど不作に見舞われていた日本に小麦を輸出したのです。米食からパン食への転換も進み、1970年には減反がスタート。1961年段階ではカロリーで78%あった食料自給率は、2000年には40%までに下がってしまいました。「日本はアメリカに工業製品を大量に売っているのだからその分、農産物を買いなさい！」と、オレンジ、牛肉の輸入自由化にとどまらず、主食のお米までも輸入するようになってしまいました。お米は十分あるのにもかかわらず。

私たちの胃袋の将来は……

アメリカの穀倉地帯は“世界のパンかご”と呼ばれていますが、トウモロコシ１トン生産するために、肥沃な表土をなんと２トンも失っています。小麦を１キロ生産するためには水を１トンもまくのです。これではいくら土や水があっても足りません。周辺で暮らす貧しい人たちには水が供給されないという事件まで起きています。また地球温暖化の影響で、今後の気候が変わってしまうと、雨が降らなくなるかもしれません。そんなときにはたして日本の分まで食料はあるのか、不安と疑問が膨らんでしまいます。

2001年１月、日本政府は「不測時の食糧安全保障マニュアル」を発表しました。この内容によると、いざ食料が輸入されなくなったときや地球温暖化により農業が打撃を受けたときは、河川敷やゴルフ場なども農地にしようというプランです。プラン自体は悪くないのすが、日本の農業が衰退していくのを放置したまま、緊急時対応というのはいかがなものでしょう。

自分で育てる「食料主権」

政府が農業政策を変えるように働きかけていくことはもちろん大切ですが、私たち自身がすすんで「食料主権」を取り戻す方法はないのでしょうか。

一つめは、農家から買うということ。経済的に成り立たなくなってしまうと農家は廃業するしかありません。農家と直接契約し、収穫に合わせて農産物を送ってもらえば、農家は経営が安定しますし消費者はつねに旬のおいしい野菜を食べることができます。農地を訪れてみると、農家の体験談や堆肥作りの技術にビックリすることもあるかも。害虫と益虫の見分け方など学校ではあまり教わらない農家のテクニックを聞いているうちに信頼関係も深まり、農業が身近に感じられることでしょう。他にも日本固有の大豆の種を守るトラスト運動や共同購入団体などがあります。近場の農産物ならば輸送のムダもなく、朝取り野菜を味わうこともできます。スーパーマーケットでたんに買い求めるのとは、一味違う楽しみが味わえることでしょう。

二つめは、直接に農業にかかわってみることです。農業が危機を救った具体的な事例を挙げて考えてみます。

1980年代後半、東ヨーロッパの共産各国が崩壊していったことを覚えていると思います。このとき、国内のインフラが麻痺し、物流は停滞、経済活動も停滞してしまいました。旧東ドイツでは食料の輸送が止まり、餓死者が出てもおかしくない状況でした。しかし、なぜか人々が飢えない。その秘密は市民農園（クラインガルテン）の存在です。ヨーロッパのクラインガルテンはおよそ200年前からはじまっています。職を失っても最低限、何とか食べられるようにしようという措置でした。旧西ドイツが20

▶キューバの都市農業。
食料・エネルギー危機をきっかけに空き地や駐車場を都市農園に変え、自給をめざしました。

軒に 1 軒だったのに対し、東ドイツではなんと 3 軒に 1 軒という数！自分の食いぶちを自分でまかなうことができたため、経済活動が破綻してもひとまず“食う”ことができたのです。

もっと驚きの事例がキューバにあります。旧ソ連に食料と石油をたよりきっていたので、旧ソ連が崩壊し援助が絶たれたとき、大ピンチを迎えました。食料だけでなく石油から作る農薬や化学肥料ももちろんありません。そこでキューバの人たちは都市を耕しはじめました。都市部のありとあらゆる場所で小規模な農業をはじめます。キューバと敵対しているアメリカの経済制裁が強まり、ますます苦しくなりましたが世界各国の NGO がキューバに集い、農業指導や再生可能エネルギー導入プロジェクトを進めていったのです。

こうしてそれまでごみ捨て場だった所や駐車場などが畑に生まれ変わりました。遠方から農産物を運ぶこともないのでエネルギー効率もよいのです。未曾有の食料危機を一人の餓死者も出さず脱したキューバは、いま都市農業・有機農業の先進国として、世界から注目されています。

» 気軽に取り組むことからはじめよう

自分でできることとして、固く考えずにまずはプランターで趣味の栽培からはじめてみてはどうしょう。取れた野菜が食事に彩りを添えてくれること請け合いです。

市民農園を借りるには抽選になることが多いようです。数が少ないこともありますが、自分で野菜を育ててみるとたくさんの発見があるので大人気なのです。「見沼田んぼ福祉農園」のように障害者と健常者が一緒になって畑で作業し、イベントを開催したり地域の歴史を掘り起こしている例もあります。

まずは簡単にはじめられる「食料主権」に取り組んでみてはいかがでしょうか。

▶▶ 小林一朗

[参考] 見沼田んぼ福祉農園
http://homepage2.nifty.com/minumafarm/index.htm

27 省エネと自然エネルギーの事業を起こそう

戦争の３つの動機

イラクへの一方的攻撃の理由は何だったのでしょう。私はそこに、「カネ・エネ・軍需」という３つの動機があったと思っています。たしかにブッシュ大統領は独善的ですし、キリスト教原理主義的と呼ばれるものに依存しています。世界を武力の強弱だけで解釈する「ネオコン」と呼ばれる「新保守主義者」の影響もあります。攻撃の経過はヒトラーのときにそっくりなことも驚きです。しかしそれらのことが攻撃を促進したとは思うのですが、動機そのものだったとは思えないのです。

発ガン性物質を説明するときに、発ガン性のある物質を「イニシエーター」と呼び、ガンの成長を促進する物質を「プロモーター」と呼び分けます。ガンが悪化するには両者が必要なわけですが、事の発端は発ガン性物質、イニシエーターにはじまるのです。私には「カネ・エネ・軍需」がイニシエーターで、キリスト教原理主義やネオコンがプロモーターであったように思えるのです。

戦争の動機を失わせよう

二度と一方的な侵略も戦争もさせないために、私はこのイニシエーターという「動機」そのものを失わせたいと思うのです。自然エネルギーによって石油などの化石エネルギーを無価値なものにし（3章、20）、軍需を国際世論の集約で条約によって禁止し（4章）、人の血で金儲けをするような犯罪的な金融を許さないしくみ（3章17、18）をつくっていきたいと思うのです。

でもどうしたらできるのでしょう。「非現実的だ」という声が聞こえてくるようです。しかし考えてみてほしいのです。100年後、私たちは石油を使っているでしょうか。軍拡を続けていられるでしょうか。石油は枯渇しているか、またはその寸前ですし、軍拡を続けていたとしたら、私たちは生き残っていたとしても破滅寸前でしょう。そう、今幅を利かせている「現実的」なる考え方の方が、「非現実的」あるいは「破滅的」なのです。私たちは、「生き延びられる100年後の未来」の側から考える必要があるのです。100年後の私たちが豊かに存在するとすれば、自然エネルギーで暮らしているでしょうし、軍拡は終わり、戦争で金儲けするというような犯罪は禁止されているでしょう。その100年後の私たちの未来を実現していくことが、私たちのすべきことなのです。

自然エネルギーの「バックキャスティング」

100年後の未来を設定すると、50年後に私たちがどうなっているべきかがわかります。「では20年後は、10年後は、今は」と将来から逆算していくことで、私たちは今ある私たちの役割に気づくことになるのです。これまでだれもが苦手だった、構想力もできてきます。こうして先の未来から現在に逆算する考え方を「バックキャスティング」といいます。この考え方なしに生きることのせいで、私たちはその場しのぎの考えと、行き当たりばったりの生活しかもてなかったのではないでしょうか。

さて、では自然エネルギーで生活していくことをイメージしてみましょう。そのとき必要なのは、同時にエネルギー消費量そのものを省エネして減らしていくことです。93ページでも書いたとおり、それは努力·忍耐なしでも可能ですし、その技術は驚異的に進展しています。作ってくれたメーカーの努力を、正当に評価して促進していきましょう。すると私たちに必要なエネルギー量は、今とは比較にならないほど少ないものになります。そうなると、私たちがエネルギーをまかなうために導入する自然エネルギー設備の量も、少なくてすむことになります。大きな電力消費をする品を除くと、手元の電卓のように小さなソーラーだけで足りる製品も増えてきます。玄関のチャイムなど、小さなバッテリーとソーラーがついていれば十分でしょう。こうした製品が次の時代のものになります。

省エネと自然エネルギーを事業にしよう

さらにコストも見てみましょう。松下電器のノンフロンの省エネ冷蔵庫は、10年前の同じ製品と比べて年間約2万円も電気料金が安くなります。しかも製品は10万円で販売されていますから、約5年分の電気料金で元が取れます。友人の家では20年前のエアコンを省エネ製品に買い替えたら、夏場の電気代が月1万円も安くなりました。また別の友人は各部屋の電気器具に「スイッチ付コンセント」をつけて、使わないときには手元で切るようにしただけで、1カ月で元を取りました。こんなことも可能なのです。

さて、ということは、これ自体が事業化できるものです。これにマイク

進む省エネ

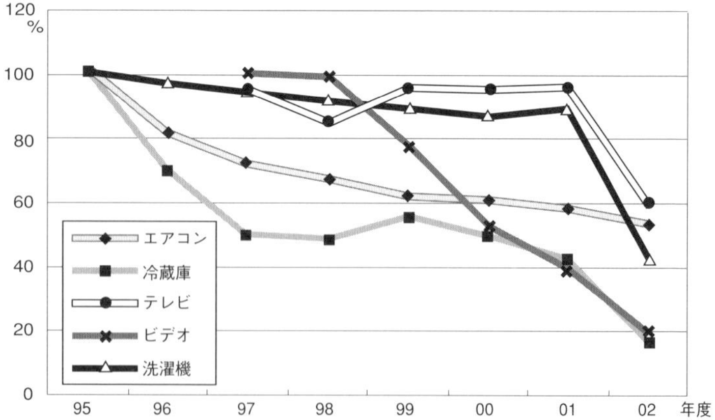

※1995年から2002年までの間でも、省エネは大幅に進んだ。冷蔵庫によっては7年前の1台より、今の5台の方が電気代が安くなることもある。

ロクレジット(84ページ参照)のような融資を組み合わせたらどうなるでしょう。省エネで節約した費用だけで返済できるのなら、買い替えた方がトクになるのですからだれも買い替えを拒否しないでしょう。つまりおカネがなくても省エネ製品に変えられるのです。電化製品だけではありません。雨は家庭内の水洗トイレの水をまかなえるほど降りますから、雨水利用をうまく導入すれば水道料金と下水道料金が安くなります。これも数年で元が取れます。プロパンガスの地域では、ガス料金が高いことから、逆に太陽熱温水器を導入することで、経済的なメリットが出てきます。これを自らの起業に生かす方向が重要だと思うのです。

いっぽうの自然エネルギーもまた進展を続けています。太陽光発電パネルの効率は上がってきていますし、新たなコンセプトでコストが半分以下のパネルも発明されました。今問題なのは、むしろ設置や販売する側が発電効率を保証せずに売っているため、売りたいがために日陰でもかまわず設置をしたり、詐欺的な販売をすることがある点でしょう。ならば市民が発電量を予測して、最低発電量を明示し、保証した上で販売したらどうでしょう。今はかなり精度の高い推定ができますから、発電量を保証する損害保険すらつくれると思います。

数年で元が取れて、特別な努力・忍耐も必要ないとしたら、省エネ製品の導入に、いったい何の障害が残るでしょうか。省エネして少なくなったエネルギー消費量なら、自然エネルギーでもまかなえます。それを市民が事業としておこなえば、多くの雇用も生まれます。ドイツでは、今13万人もの人が自然エネルギー産業に雇用されているのです。私たちは戦争の大きな動機である化石エネルギーの争奪を、こうして不要にしていくこともできるのです。ようは私たちが時代に流されて、非常識な「常識」をもって場当たり的に生きるのか、それとも将来像から「バックキャスティング」する構想力をもって、未来をつくっていこうとするかの違いです。

私たちには意外なほど可能性が残されていると思うのです。

▶▶田中　優

[参考]『ECO・エコ省エネゲーム』
http://www.godo-shuppan.com/game/sho-ene/

28 軍備のカネを環境と生活に使わせよう

貧困という名の絶望

「貧困がテロを引き起こすわけではない。しかし、持続する貧困と抑圧は、絶望をもたらす。国民の基本的ニーズを満たせない国が、テロの温床になる危険性がある」（駐日アメリカ大使ハワード・H・ベーカー氏）

世界の軍事費は2001年度で約8000億ドル。軍事支出ダントツ世界第1位のアメリカは今後も「テロとの戦い」を理由に増額を続ける予定ですし、世界第3位の日本も苦しい財政状況の中、軍事費に関しては聖域扱いです。しかし、圧倒的軍事力で「テロの温床になる」可能性のある国をねじ伏せて、本当の解決になるのでしょうか。貧困と抑圧への絶望から「テロ」が生まれるというのなら、根本的な解決のためにはまったく違う視点のアプローチが必要なのではないでしょうか。

現在「絶対的貧困（目安としては1日1ドル以下の生活費）」の状態にある人は世界で約12億人。たとえばアフリカ南部のザンビアは、平均余命が38歳で、国民の70%が絶対的貧困層です。大変な国々はサハラ以南アフリカに多いのですが、アジアやラテンアメリカにも「国民の基本的ニーズを満たせない」国がたくさんあります。インドネシア国民の大半は1日2ドル以下の暮らし、カリブ海の国ハイチでは5歳以下の子どもの死亡率が日本のなんと30倍なのです。1999年、世界では1分間に約19人の子どもが簡単に予防できる病気で死んでいます。

借金でつくられる貧困

これらの国々が保健･医療や教育以上に毎年予算をまわさざるを得ないものがあります。それは債務、つまり借金の返済です。そしてそのお金を返す先はG7（先進7カ国）といわれる日本を含む豊かな国々、それから同じ先進国が舵取りをする国際機関、世界銀行やIMF（国際通貨基金）などです。

発展途上国が抱える借金の総額は約2.3兆ドル。途上国は先進国から援助をもらったり借りたりしても、結局、そのお金は債務の返済に消えてしまうことになります。1990年代に途上国は、豊かな国から受け取る無償援助の9倍の額を債務返済として支払っています。1997年、イギリスのチャリティ機関がアフリカの貧しい人たちのために集めた260万ドルは、アフリカが支払う利子のたった1日分に等しかったのです。

途上国政府はなんとか外貨を稼いで借金を返さないといけないので、原生林を伐採して木材輸出をしたり、山を掘り返して鉱山開発を推し進めたりしています。その際、反対する地元民を暴力的に排除するようなことも起こっています。国民の命を削り、自然を破壊して、途上国は1980年以来借りていた額の6倍ものお金を返済したのですが、残高はふくらむいっぽうの国際サラ金状態です。エイズ禍であえぐサハラ砂漠以南のアフリカが、エイズ対策に毎年必要とする額は約135億ドル。それと同じ額を、同地域は毎年債務返済に充てているのです。

「日本の援助」が貧困をつくる？

日本政府は途上国に対して年間1兆円規模のODA（政府開発援助）を何年も続けていますが、じつは日本のODAは約3分の1が「円借款」と呼ばれる貸し付けで、日本の「援助」そのものが途上国の債務を増やすしくみになっています。円借款事業のほとんどはダムや高速道路といった大規模インフラ開発で、それらの事業の受注先の大半は日本企業です。しかも「援助」の結果工場で精錬されるアルミや、港で水揚げされるマグロは日本に向けて輸出されているのです。

また、イラク爆撃に関する国連安保理決議の際には、日本政府がODAを供与している非常任理事国に対し、英米の修正案に賛成票を投じるよう圧力をかけたと報道されています。「援助」と称していますが、その実、ますます途上国が政治的・経済的に大国に利用されやすくなる構造をつくり出してしまっているのです。

現在、ごくわずかの割合ですが、貧しい国々への債務削減が進んでいます。債務が削減された（約200億ドル）アフリカの10カ国で、2002年には98年に比べて教育予算が1.4倍、医療・保健予算が1.7倍に増えています。ウガンダでは就学率が2倍に増え、モザンビークでは50万人の子どもが予防接種を受けることができました。

ちなみに、世界一対外債務を抱えている国はどこかご存知ですか？　驚くなかれアメリカ合衆国なのです。アメリカ一国で、全途上国債務に匹敵する約2.2兆ドルの対外債務を抱えています。しかし、アメリカは途上国のように、何にもまして債務返済に優先的にお金を回したり、経済構造を変えるように強制されたりはしません。ここにも強者と弱者のダブルスタンダードが存在しているのです。

1999年国民一人あたりの政府予算の比

（単位：ドル）

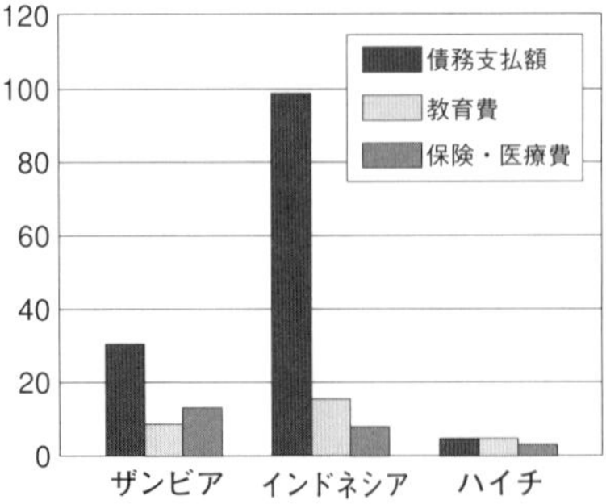

※Jubilee Research資料より

第三世界の債務残高と返済額

（1980～1999年、単位10億ドル）

地域	1980年の債務残高	1999年の債務残高	1980～1999の支払い総額
ラテンアメリカ	257	792	1370
南アジア	38	170	205
東アジア	94	659	906
サハラ以南アフリカ	60	231	214
北アフリカ/中近東	83	214	413
総計	534	2068	3110

※世界銀行の数値を元にCADTM - Committee for the cancellation of the Third World Debt（ベルギーのNGO）が計算

債務免除で対等・平等な関係へ

重い債務に苦しむ93カ国が抱える借金のうち、とうてい返済できない6000億ドルを帳消しにすれば、これらの国の人々が人間らしい生活をおくれるようになり、かつ、自力で自分たちの目指す開発へと進んでいけるという試算が出されています。これは世界の軍事費の1年分にも満たない額です。「テロ」の原因が減れば軍備を拡張する必要もないわけですし、途上国が自立できれば援助の額も減らすことが可能です。もちろん無謀な自然破壊も減少するでしょう。一石二鳥どころか三鳥、四鳥の話だと思うのですが、みなさんはどう思いますか？

対外債務の帳消しは別に新しい話ではありません。最近では湾岸戦争への協力を条件にアメリカがエジプトの債務を削減しました。そして現在、アメリカはイラク債務の帳消しを提案しています。じつは「独裁政権がつくり出した債務の支払いを次の政権は拒否できる」という国際法上の定理があるので、アメリカの主張は理にかなっているといえるのですが、それならばぜひアメリカには同じように、インドネシアのスハルト、フィリピンのマルコス、ウガンダのアミン、ザイールのモブツといった独裁者たちがつくり出した債務の帳消しも主張し、実践してほしいと思います。

軍事費に関しては、日本でも「良心的軍事費拒否の会」が根気強く活動を続けています。授業の中で軍事費の問題を取り上げて「額を減らして」と日本政府やアメリカ政府に手紙を書いた小学校もあります。選挙が近くなったら地元の候補者に「軍事費を減らすために運動する気がありますか？」とアンケートを取って、結果を公表するというのも手です。

途上国が債務のくびきから逃れて、自分たちで発展できるようになれば、もう、日本に安いエビやバナナや外材は入ってこないかもしれません。でも、今までのように他国の資源を利用して築いてきた日本社会の現状は、持続可能性を基準に診断すると、なんと世界78位になるそうです。日本もそろそろ本当の意味で「自立」すべきときです。それぞれの国が自立し、対等な立場で交流し、貿易をし、協力し合うことこそが、本当に平和な世界への第一歩ではないでしょうか。

▶▶ 大倉純子

29 今の企業を非営利中間法人にしてしまおう

戦争がなければ平和か？

イラク攻撃を止められなかったとき、多くの人たちが落胆したと聞きました。「やっぱり自分たち市民には力がないのだ」と。もちろん私もがっかりしたのですが、それでも落胆まではしませんでした。「今の」自分たちには力がないのだ、とは思いますが、だから「これから先も」力のないままだとは思わないからです。

「戦争がなければ平和で、平和であれば戦争はない」と考えるのは、実態に合っていないと思います。実態はつねに「戦争をしたい人々」がいて、そのいっぽうに「戦争を避けようとする人々」がいて、その２つの勢力が情勢に合わせて綱引きしているのです。ですから戦争が起きていない状態は平和なのではなく、勢力分布が「戦争を避けようとする」側に傾いているに過ぎず、その限りない努力によってしか、平和な状態は維持できないと思うのです。

「働く場」のオルタナティブ

私たちはその大切なカギを握るはずなのに、なぜこれほど無力なのでしょうか。現実を見ればすぐに気づきます。私たちは、自ら望むも望まないもなく働かなければならず、そこでは卑屈なまでに命令に従わなければなりません。働く場を通じて、実生活の私たちは無力にされるのです。この労働を否定的に捉えたくないと考えると、今度は逆に働かせる側の論理にはまることになりがちです。私たちは働く場面で、いつでも2つの内のどっちかしか選べず、しかもどちらにしても無力化されるのです。では、この「働く場」というものを変えていくことはできないものでしょうか。
「働く場」には大きく、官と民があります。官は効率と政治圧力が問題となり、国の特殊法人は民営化が進められています。いっぽうで破綻した民間銀行は公営化されます。もし社会にこの2つだけしかセクターがなかったとしたら、振り子のように行ったり来たりするだけです。そして結局、いつまでたっても同じ失敗ばかりくり返します。私はここに、もう一つのセクターの可能性を見ています。官ではないものを英語でいうと、NGO（非政府組織）になります。民間企業でないものは同じくNPO（非営利組織）になります。つまりそこには官でもなく民間企業でもない第三の領域があると思うのです。それが市民セクターと呼ばれる「NPO」「NGO」です。

「市民セクター」という第三の道

この市民セクターは、何も無償で貴いことだけするものではありません。もし官が非効率で不親切であるなら、それより少ない額で市民が事業を受託することができます。また民間企業があまりにも強欲で、しかもリッチな人たちだけのものならば、市民が代わりの事業をおこなうことができます。つまり第三の市民セクターを置くことで、社会の選択肢は大きく広がることになるのです。実際、公立保育園と民間保育園があり、市民立の共同保育所があるように、その３つはどんな分野でも共存可能です。アメリカの医療の大部分は、NPOであるクリニックによって支えられていますし、NPOの運営する電気事業、清掃事業、金融事業、教育事業なども存在します。日本ではこの部分が未発達だったのです。私はこの市民セクターの非営利事業として、さまざまな仕事が発達していく社会を希望しているのです。ただし非営利事業といっても無償労働ではありません。きちんと仕事に見合った収入を得ます。ただ不労所得者を生まないだけです。

市民セクターが発達することによって、人々が自ら実現したいことのために働き、有益と思える労働によって収入が得られる社会がつくれると信じるのです。

「NPO法」と「中間法人法」

この市民セクターはNPOですから、つい特定非営利活動法人（いわゆる「NPO法」）をイメージしがちです。しかしNPO法には使いにくい側面があります。「公益」が前提とされるため、入りたいという人を拒否することは原則的にできません。社団（人の集まり）を前提としているので、基礎財産をもつことが想定されていません。そうなると、どんな人をも拒否できず、基礎財産ももてずに（もつと乗っ取られる心配がある）事業の継続が困難になります。たとえば共通の価値観（たとえば戦争をさせない）をもつ者同士で集まり、多額の受託事業をしながら運営しようと考えると、NPO法は適切な器ではないのです。私たちの求めている「戦争をさせない」という価値を実現するには、私たち価値を共有する者の集まりによって可能になるのです。「公益」ではなく、いわば「共益」法人です。これに対応できる法律の枠組がなかったのですが、2002年4月、「中間法人法」というものが制定されました。これはそもそも同窓会などを想定した法

市民セクターの可能性

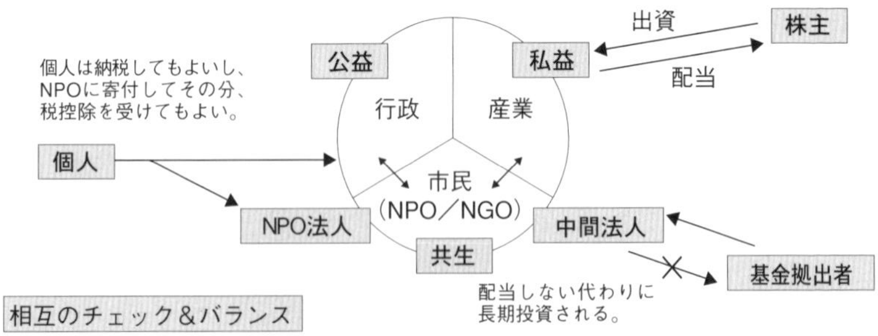

産業がもし暴利をむさぼるなら、市民セクターは代わりに事業を行えばよい。行政が不親切であったり、非効率であったりするなら、市民が行政に代わって事業を行えばよい。
しかし産業があることで社会が活性化するのだし、行政があることによって社会の不平等が是正される。従ってNPOだけが主流になるのではなく、互いに相互チェック、互いに切磋琢磨することが望ましい効果である。

人なのですが、形態としては有限会社にそっくりです。最大の違いは企業が株主という出資者に利益を配当するのに対して、中間法人は配当できない「非営利法人」となっていることです。これを利用すると、これまで実現困難だった非営利ビジネスが実現できます。しかも民間企業が配当を最大にすべく努力し、その結果せっかくの収益を失うのに対して、中間法人では配当できず、その収益を共有する将来のための投資に向けられるのです。

私たちが創る社会を

このしくみを利用すると、才覚によっては民間企業以上に発展する可能性があります。もしそれが民間企業に伍《ご》するほどの実力をもつようになったらどうなるでしょうか。企業の一部は中間法人化してくることになると思います。そもそも日本の企業は、グローバリゼーションと呼ばれるアメリカ流の弱肉強食型の企業ではありませんでした。むしろ地域や雇用者に貢献する共益的な組織だったはずです。それが再び元の形に戻っていくだけのことです。そのための枠組としても、中間法人法は用いることができるのです。

もちろん社会には、豊かな人のお金を貧しい人に配る所得の再分配機能が必要ですし、それは官でなければできません。また個人の欲望が社会の発展の契機になっているのも事実ですから民間企業も必要です。しかし3つめの市民セクターが生まれることによって、非効率な行政は市民セクターに取られないために効率良くしなければならなくなりますし、強欲な民間企業も市民セクターに奪われないためには安く提供しなければならなくなります。つまりチェックアンドバランスが働くようになる点が重要なのです。

市民が自分で社会を創ろうとするとき、どんな未来が生まれるか、考えただけでもわくわくすると思いませんか？

▶▶田中　優

30 東アジアに平和の枠組みをつくろう

イラク戦争と日韓

イラク戦争に関する日本と韓国の世論調査で、興味深い結果が出ています。日本でも韓国でも、7～8割が「イラク戦争には反対だ」と答えています。と同時に、5～6割が「イラク戦争をわが国が支持することには賛成だ」とも答えています。両国とも、ほぼ同じ数字です。

つまり、日韓の市民の多くは共通して、「戦争はよくないが、支持するしかない」と考えていたのです。

これについて、日本の小泉首相は、「大量破壊兵器の問題は日本も人ごとではない」ので、「日米関係の信頼性を損なうことは国益に反する」と説明しました。韓国の盧武鉉《ノムヒョン》大統領は、もっと直接的な表現で、イラク戦争支持は「北朝鮮の核問題を平和的に解決するための戦略的な判断だ」と説明しました。日本も韓国も、イラクをめぐってアメリカとの関係を損なわないことが、自分たちの地域の平和につながる、と判断をしたというわけです。

東京はソウルをみたか

日本と韓国は、こう判断するとき、互いに話し合ったのでしょうか。

当時日本のテレビは、ニューヨークやロンドンで何万人、ときには100

万人をも超える人々が戦争反対を叫んでいる姿を映していました。心を動かされた人も、たくさんいたことでしょう。

しかし、ソウルの動きはどれほど伝えられていたでしょうか。韓国では、国家の機関である「国家人権委員会」が、「国連の承認を経ずにはじまった戦争に反対する」という公式声明を発表していました。また、非戦闘要員を派兵するという決定は、多くの国会議員の抵抗で採決が何回も延期され、最終的に可決したときも与野党の多くの議員が反対票を投じていました。

ほんとうにイラク戦争支持が北朝鮮問題の平和的解決につながるのかどうか、日韓の国会議員や有識者が協議したという話も聞かれません。

つまり、日本と韓国は、似かよった議論を、個別バラバラにおこなっていたのです。東アジアの平和に関する問題だといいながら、東京もソウルも、お互いをみることなく、バラバラにワシントンをみていたのです。

真剣な地域外交

ほかの地域ではどうだったでしょうか。

ヨーロッパでは、フランス、ドイツ、ベルギーが戦争に反対しました。これに対して東ヨーロッパ諸国は戦争を支持したとよくいわれますが、そう単純ではありませんでした。たとえばスロベニアは、戦争の前にはアメリカ支持の声明に名を連ねましたが、アメリカが国連決議なく戦争に突入すると、戦争を支持しないと明確に表明しました。ギリシャはヨーロッパ連合（EU）の議長として、アメリカとは異なるヨーロッパ独自の立場を分裂せずになんとか示そうと、真剣な努力を重ねました。

中東ではアラブ諸国が、「イラクの軍備だけでなくイスラエルの軍備も問題にしなければ、中東に平和は訪れない」と主張しました。イラクとの戦争で苦しんだイランやクウェートは、「だからこそ戦争をしてはいけない」と訴えました。トルコは、戦争になって難民が発生したら、アメリカやヨーロッパは責任をとるつもりなのか、と質《ただ》しました。

アフリカからは、「イラクに戦争をしかければ、アフリカではテロ事件が増え、各地の内戦は悪化する」という切実な声があがりました。

カリブ諸国は、戦争が起これば石油が高騰するばかりか、観光業が深刻な打撃を受けるので、自分たちとしては大迷惑だと主張しました。

東南アジアでは、多くのイスラム教徒が戦争に強く反対しました。ただでさえ経済危機で苦しんでいるのに、戦争が起きたらますます大変だという声も聞かれました。つまり、世界のどの地域も、それぞれの事情にそくした平和のための地域外交を展開したのです。それはたんに理念の問題ではなく、どれも切実な現実の問題でした。

例外は、日本、韓国、北朝鮮、中国といった、私たちのすむ東アジアでした。そこには、平和のための地域外交はありませんでした。あえて、なかったと断言しておきましょう。平和を必要としている、しかも緊急に必要としているはずのこの地域で、きわめて奇妙な話だとは思いませんか。

平和のための共通の枠組み

東アジアに、平和のための共通の枠組みをつくりましょう。

EU は一つのモデルになります。ヨーロッパにはヨーロッパ議会があります。ならば東アジアでは、各国の国会議員が一堂に会して、地域の平和問題を議論してはどうでしょうか。いわば、「東アジア平和協議会」をつくるのです。

核の脅威に対しては、東アジアに「非核地帯」をつくって解決を図るという NGO の提案が長く続いています。ミサイルや宇宙開発に関しては、

イラク戦争と東アジア

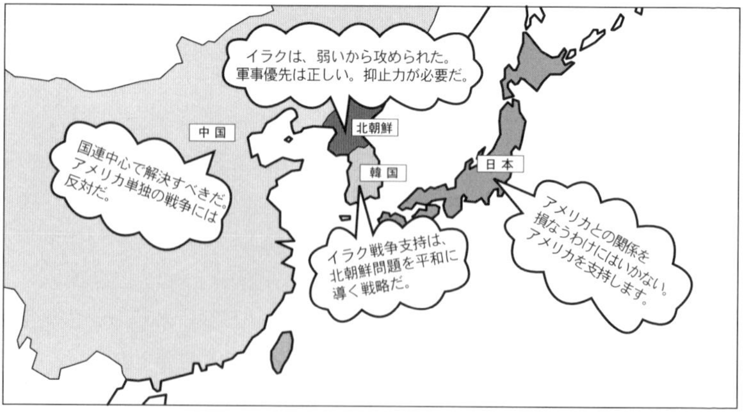
イラクは、弱いから攻められた。
軍事優先は正しい。抑止力が必要だ。
中国
北朝鮮
韓国
日本
国連中心で解決すべきだ。アメリカ単独の戦争には反対だ。
イラク戦争支持は、北朝鮮問題を平和に導く戦略だ。
アメリカとの関係を損なうわけにはいかない。アメリカを支持します。

日本も北朝鮮も、お互いに「あいつは衛星を飛ばしたといっているが、ほんとうは軍事目的だ」とののしり合っています。ならば共同で衛星を管理して、衛星写真の情報を共有すればどうでしょうか。ほんとうに平和目的なら、お互いに見られて困るものは何もないはずです。

東アジアで枠組みをつくることの意義は、技術的なものにとどまりません。第二次世界大戦後の和解、あるいは冷戦後の和解という問題を、私たちの地域ではまだ達成できていないのです。枠組みづくりは、戦後の和解という問題にチャレンジすることでもあります。

地域統合をすすめるヨーロッパでさえ、第二次大戦による憎しみの感情は根深く残っています。東アジアでチャレンジすることは、ヨーロッパなど、模索中の世界のほかの地域にも勇気を与えます。

平和は現実の活力となる

これまで私たちは、国際問題といえばワシントンにでかけて、「軍事力は人々を動かす」ということばかり学んできました。それに行き詰まると今度は、「日本の軍国主義はまちがっていなかった」と思いこむことで、自信を取り戻そうとしている人たちもいます。これらとはちがう、第三の道があります。

軍事力は、そのときは人々を動かします。しかし、その後50年にも100年にもわたって、人々の体をむしばみ、憎しみを増殖させ、結局は人々の生きる道をせばめてしまいます。東アジアの歴史と現実は、そのことを語り続けています。この現実から出発して、国際関係をつくっていきましょう。

出口の見えない不況。もはや、巨大な軍艦をつくってもうける時代は終わっています。和解をすすめ、共通の平和を追求することは、教育、環境、観光、医療等々、軍艦よりももうけはよほど小さいけれど、持続性と波及性のある経済へとつながります。苦しみを乗り越えて平和を築くことは、たんなる理想論ではなく、現実の要請でもあるのです。

東アジアが平和に向けた共通の努力をすすめることは、世界に夢を与えるとともに、現実の活力をも与えるのです。さあ、はじめましょう。

▶▶ 川崎 哲

戦争のなくし方がわかるオススメリスト

▶▶ BOOKS

●戦争

『戦争案内 映画制作現場　アジアからの報告』高岩仁（映像文化協会）
『戦争はなぜ起こるのか』佐藤忠男（ポプラ社）
『命こそ宝 沖縄反戦の心』阿波根昌鴻（岩波新書）
『放射能兵器劣化ウラン』劣化ウラン研究会（技術と人間）
『湾岸戦争　いま戦争はこうして作られる』ラムゼー・クラーク／中平信也訳（地湧社）
『アメリカの巨大軍需産業』広瀬隆（集英社新書）
『戦争中毒　アメリカが軍国主義を脱け出せない本当の理由』
　ジョエル・アンドレアス／きくちゆみ他訳（合同出版）
『アホでマヌケなアメリカ白人』マイケル・ムーア／松田和也訳（柏書房）
『金で買えるアメリカ民主主義』グレッグ・パラスト／貝塚泉ほか訳（角川書店）
『アメリカの国家犯罪全書』ウィリアム・ブルム／益岡賢訳（作品社）
『アメリカが本当に望んでいること』ノーム・チョムスキー／益岡賢訳（現代企画室）
『核戦争を待望する人びと 聖書根本主義派潜入記』グレース・ハルセル／越智道雄訳（朝日選書）
『在日米軍』梅林宏道（岩波新書）
『イラクとアメリカ』酒井啓子（岩波新書）
『有事法制批判』憲法再生フォーラム編（岩波新書）
『イラク戦争』スコット・リッター／星川淳訳（合同出版）
『イラク戦争　検証と展望』寺島実郎・小杉泰・藤原帰一編（岩波書店）
『仕組まれた9・11』田中宇（PHP 研究所）
『入門・国際刑事裁判所』アムネスティ・インターナショナル日本編（現代人文社）
『核兵器撤廃への道』杉江栄一（かもがわ出版）
『地雷なき地球へ　夢を現実にした人々』目加田説子（岩波書店）
『子どもたちのイラク カラー版』日本国際ボランティアセンター（岩波ブックレット）
『地雷と人間　人ひとりにできること』地雷廃絶日本キャンペーン編（岩波ブックレット）

●メディア・情報

『ドキュメント 戦争広告代理店』高木徹（講談社）
『戦争プロパガンダ 10 の法則』アンヌ・モレリ／永田千奈訳（草思社）
『情報操作のトリック』川上和久（講談社現代新書）
『メディア・コントロール　正義なき民主主義と国際社会』
　ノーム・チョムスキー／鈴木主税訳（集英社新書）
『暴かれた全世界盗聴網 エシュロン』小倉利丸編（七つ森書館）

●資源・エネルギー

『いま、なぜ「戦争」なのか？』宮田律（新潮社）
『世界資源戦争』マイケル・T・クレア／斉藤裕一訳（廣済堂出版）
『地球白書〈2002 - 03〉』ワールドウォッチ研究所（家の光協会）
『エネルギーと私たちの社会　デンマークに学ぶ成熟社会』
　ヨアン・ノルゴー、ベンテ・クリステンセン／飯田哲也訳（新評論）
『ソーラー地球経済』ヘルマン・シェーア／今泉みね子訳（岩波書店）
『デンマークという国　自然エネルギー先進国』ケンジ・ステファン・スズキ（合同出版）

『自然エネルギーが地域を変える』佐藤由美（学芸出版）

●食料

『200 万都市が有機農業で自給できるわけ 都市農業大国キューバリポート』
吉田太郎（築地書館）

『食料主権　暮らしの安全と安心のために』山崎農業研究所編（農文協）

●経済・金融

『マネー敗戦の政治経済学』吉川元忠（新書館）

『エンデの遺言』河邑厚徳＋グループ現代（NHK 出版）

『マネー崩壊』ベルナルド・リエター／小林一紀ほか訳（日本経済評論社）

『環境破壊のメカニズム』田中優（北斗出版）

『もうひとつの日本は可能だ』内橋克人（光文社）

●その他

『紛争の心理学』アーノルド・ミンデル／永沢哲訳（講談社現代新書）

『ガンジー自立の思想』田畑健（地湧社）

『非暴力』阿木幸男（現代書館）

『一万年の旅路　ネイティヴ・アメリカンの口承史』
ポーラ・アンダーウッド／星川淳訳（翔泳社）

『「心」と戦争』高橋哲哉（晶文社）

『鉄砲を捨てた日本人』ノエル・ペリン／川勝平太訳（紀伊国屋書店）

『スロー・イズ・ビューティフル』辻信一（平凡社）

『風の谷のナウシカ』宮崎駿（徳間書店）

▶▶ 本書に関連する SITES

アジアンスパーク	http://www.asianspark.org/
イラQウェブ	http://nowariraq.jca.apc.org/
インドネシア民主化支援ネットワーク	http://www.nindja.com/
ＮＧＯ非戦ネット	http://www.ngo-nowarnet-jp.org/
国際刑事裁判所問題日本ネットワーク	http://member.nifty.ne.jp/uwfj/icc/
債務と貧困を考えるジュビリー九州	http://jubilee.npgo.jp/
自然エネルギー推進市民フォーラム	http://www.jca.apc.org/repp/
地雷廃絶日本キャンペーン	http://www.jca.apc.org/banmines/
CHANCE！ pono2	http://give-peace-a-chance.jp/2002fall/
日本国際ボランティアセンター	http://www1.jca.apc.org/jvc/
パレスチナ子どものキャンペーン	http://plaza17.mbn.or.jp/~CCP/
ピースデポ	http://www.peacedepot.org/
ピースボート	http://www.peaceboat.org/
屋久島発インナーネットソース	http://innernetsource.hp.infoseek.co.jp/
未来バンク事業組合	http://homepage3.nifty.com/miraibank/
World Peace Now	http://www.worldpeacenow.jp/

PROFILE

●編著者

田中　優（たなか・ゆう）
1957年東京生まれ。チェルノブイリから市民運動に参加。『環境破壊のメカニズム』（北斗出版）『ECO・エコ省エネゲーム』（合同出版）など著書多数。「未来バンク」理事長、「日本国際ボランティアセンター」理事。

小林一朗（こばやし・いちろう）
1969年生まれ。半導体、環境浄化の技術職を経て、環境・サイエンスライターに。2001年9月11日の米国同時多発テロ事件以降、友人らと共にCHANCE！（平和を創る人々のネットワーク）を立ち上げ、新時代の平和運動を展開した。

川崎　哲（かわさき・あきら）
1968年生まれ。91年の湾岸戦争から平和運動に参加。ピースデポで5年間核軍縮の研究・啓発に携わる。イラク戦争のさい電子メディア「週刊イラQ」を発行。2003年7月よりピースボートで地球大学スタッフ。

●執筆者（掲載順）

星川　淳（ほしかわ・じゅん）
1952年東京生まれ。作家・翻訳家。『環太平洋インナーネット紀行』（NTT出版）、『屋久島水讃歌』（南日本新聞社）、『イラク戦争』（合同出版）、『一万年の旅路』（翔泳社）ほか著訳書多数。<http://innernetsource.hp.infoseek.co.jp/>

清水俊弘（しみず・としひろ）
1962年東京生まれ。日本国際ボランティアセンター（JVC）事務局長。カンボジア難民及び国内の復興支援、アフガニスタン等での緊急対応に関わる。2002年7月より現職。地雷廃絶日本キャンペーン（JCBL）の運営委員。

佐伯奈津子（さえき・なつこ）
1973年生まれ。共著に『インドネシア　スハルト以後』（岩波ブックレット、98年）、『スハルト・ファミリーの蓄財』（コモンズ、99年）など。インドネシア民主化支援ネットワーク事務局長。<http://www.nindja.com>

琴　玲夏（くむ・りょんは）
1968年生まれ。東京生まれ、東京育ちの在日コリアン3世。在日コリアン青年連合(略称KEY)東京副委員長を担う傍ら、2002年11月よりピースボートスタッフとしてつとめる。『韓国市民社会論争』（社会評論社）を共訳。

大河内秀人（おおこうち・ひでひと）
1957年生まれ。市民として、仏教僧侶として、国内外の紛争や抑圧の現場にかかわりながらメッセージを発信している。パレスチナ子どものキャンペーン常務理事。江戸川子どもおんぶず共同代表。見樹院・寿光院住職。

室田元美（むろた・もとみ）

1960年神戸市生まれ。9・11後、「小さな声」「CHANCE!」のメーリングリストなどを通じて、市民や国会議員に反戦平和アクションを呼びかけるさまざまな活動に参加。「クロワッサン」「ELLE DECO」などで執筆中のフリーライター。

ジュンハシモト（じゅん・はしもと）

1995年にパソコン関連出版社に勤務、ライターデビュー。98年、横浜フリューゲルス・横浜マリノス合併事件をきっかけに、スポーツ取材をはじめる。著書に『地球が危ない！』（幻冬舎・共著）『報道されなかったサポーターの真実』（マイクロマガジン社）。

田村祐子（たむら・ゆうこ）

1975年生まれ。米国ウィスコンシン州立大学卒業。90年代後半のコソボ危機やイラク空爆の時期にアメリカで平和運動に関わる。「日本国際ボランティアセンター（JVC）」東京事務所中東事業担当。「NGO非戦ネット」ボランティア。

奈良由貴（なら・ゆき）

1960年東京生まれ。91年から99年まで江戸川・生活者ネットワークの区議会議員として在職する。「足元から地球温暖化を考える市民ネット・えどがわ」代表理事、「未来バンク」理事、「江戸川NGO大学」事務局。

木村瑞穂（きむら・みずほ）

未来バンク設立の母体となる「環境と金融研究会」より参加。設立当初より未来バンク事業組合の事務局長を務める。

合田茂広（ごうだ・しげひろ）

1978年生まれ。大学を休学し、中米、インドなどを一人旅した後、ピースボートの「地球一周の船」「南北コリアクルーズ」に参加。エリトリアの人々への支援活動に関わるようになり、卒業後からピースボート・スタッフとして活動中。

高橋真樹（たかはし・まさき）

1973年生まれ。97年よりピースボートスタッフ。著書『イスラエル・パレスチナ　平和への架け橋』（高文研）で平和・協同ジャーナリスト基金奨励賞を受賞。

大倉純子（おおくら・じゅんこ）

市民グループ『債務と貧困を考えるジュビリー九州』共同代表。「世の中、ゼニよ（＝市民のお金が結局この世を動かしている）」をモットーに、政府の途上国援助のあり方にシロウトが口を出す運動を模索中。

おわりに

いかがでしたか？　戦争をしないですむ世界をつくるために、私たちにもできることが、意外とあることに気づかれたのではないでしょうか。

これまで戦争を止めるための話というと、国とか国際政治とか、どうしても大きな枠組みでの話ばかりでした。私たち一般の個人は、評論する以外に議論に参加する方法がありませんでした。「蚊帳の外」というより、かかわる術がなかったのです。

しかしその私たちの生活も、じつは戦争と無縁ではありませんでした。それどころか私たちの生活の中に、他者への加害性が埋め込まれていたのです。では、生活の中の加害性を取り除いて、今度は逆にそれを戦争を遠ざけるために使ってみたらどうなるでしょう？　このかつてない発想が、この本の中に収められています。

「戦いをしないために戦う」のではなく、「戦わないですむ世界をつくること」が、私たちの希望です。「対立」の枠組みではなく、「戦争動機そのものを無効化」させたいのです。

きっと読み終えられたあなたの頭の中には、次の一手が浮かんでいることでしょう。そう、私たちはあなたの考える、「31番目の方法」を待ちたいと思います。

本書の売上げの一部は、平和をつくるNGO活動に寄付されます。

「日本国際ボランティアセンター」（JVC）
……第1章4、第4章21参照
「ピースボート」……第3章19、第5章25参照
「パレスチナ子どものキャンペーン」……第1章7参照
「インドネシア民主化支援ネットワーク」……第1章5参照

戦争被害を受けている人々に、「忘れてはいない」という想いを、
購入くださったみなさまと著者たちから、届けたいと思います。

戦争をしなくてすむ世界をつくる30の方法

2003年8月15日　第1刷発行
2015年7月10日　第12刷発行

著　者　平和をつくる17人
編　者　田中 優＋小林一朗＋川崎 哲

発行者　上野良治
発行所　合同出版株式会社
東京都千代田区神田神保町1-44
郵便番号　101-0051
電　話　03(3294)3506
振　替　00180-9-65422
http://www.godo-shuppan.co.jp/

印刷・製本　株式会社光陽メディア

■刊行図書リストを無料送呈いたします。
■落丁乱丁の際はお取り替えいたします。

ISBN978-4-7726-0314-0　NDC301　210×130

» to be continued…